AF298385

ANTIQUITÉS

GAULOISES ET ROMAINES.

DESCRIPTION DU MÉDAILLON

QUI ORNE LE TITRE DE CET OUVRAGE.

D'un côté est la Tête de *Sa Majesté Impériale et Royale*, couronnée de laurier ; au-dessus est un astre.

L É G E N D E :

IMPerator NEAPOLIO PIVS FELIX iNVICTVS AVGustus.

De l'autre côté, l'Empereur est assis sur la Chaise Curule, ses pieds reposent sur le marche-pied héroïque ; il est revêtu de la Cuirasse et du Paludament, et tient un Sceptre surmonté d'un Aigle ; le Génie de l'Abondance place une Couronne sur sa Tête, et la Victoire lui présente le Globe du Monde.

L É G E N D E :

R E S T I T V T O R   O R B I S.

N. B. Ce Médaillon est dans le style numismatique ancien. Les plus beaux de ce genre furent frappés pour l'Empereur Hadrien. On s'est servi pour la Tête de celui-ci, de la belle Médaille que la Ville de Paris fit frapper à l'époque du Couronnement de S. M. l'Empereur. La Tête de ce Monument a été gravée par M. Galle aîné, très-habile Artiste, et le revers par M. Jeuffroy, connu par son talent pour la gravure sur pierres fines.

ANTIQUITÉS

GAULOISES ET ROMAINES,

RECUEILLIES DANS LES JARDINS DU PALAIS DU SÉNAT,

Pendant les Travaux d'Embellissement qui y ont été exécutés depuis l'An IX jusqu'à ce jour ;

Pour servir à l'Histoire des Antiquités de Paris ;

PRÉCÉDÉES

De Recherches sur cette grande Capitale, sur le Palais du Sénat (ci-devant Luxembourg), ses Dépendances et ses Environs.

On a joint aux Planches d'Antiquités, le Plan du Jardin de ce Palais, avec les changemens qui y ont été faits, et les Vues des Parties intérieures les plus curieuses de ce bel Édifice.

Multa renascentur quæ jam cecidere. Horace.

PAR C. M. GRIVAUD, Sous-Chef de la Trésorerie du Sénat.

Avec 26 Planches, in-folio, gravées en taille-douce.

A PARIS,

CHEZ FRANÇOIS BUISSON, LIBRAIRE, RUE GIT-LE-CŒUR, N°. 10.

1807.

AVANT-PROPOS.

De tous les goûts qui charment et occupent les loisirs de l'Homme, pendant sa courte apparition sur la terre, aucun, peut-être, n'est plus attachant et plus durable que celui qui le porte à recueillir les Monumens de l'Antiquité. Il est rare que l'Homme, qui se livre à cette étude, ait une ame froide, et sans quelques vertus. Nourri de la lecture de l'Histoire, pénétré des grands évènemens qu'elle présente, son imagination s'échauffe, s'exalte, et le fait, pour ainsi dire, vivre dans le passé.

L'Archaéologie, ou étude générale de l'Antiquité, demande une grande application et une certaine étendue de connoissances ; mais à mesure que l'on fait des progrès dans cette Science, on est amplement dédommagé des travaux qu'elle exige. Tous les Peuples anciens passent en revue avec leurs Mœurs et leurs Usages sous les yeux de l'Antiquaire; il apprend, dans les Monumens en général, à connoître le goût, le style, et les progrès de l'Art chez les différentes Nations; mais la Numismatique, sur-tout, l'attache et l'intéresse en lui retraçant tout ce que les autres Monumens peuvent offrir. En effet, on retrouve sur les Médailles tout ce qui a rapport aux Usages Religieux, Civils et Militaires des Anciens. On y voit les traits de ces Hommes fameux qui parurent successivement et avec éclat sur la scène du Monde. En les contemplant, on y cherche la trace des grandes qualités qui les firent admirer; on croit même y découvrir celle des vices qui les rendirent trop souvent l'horreur et l'exécration de l'Univers.

En parcourant d'un œil observateur ces restes des siècles passés, on demeure convaincu que, victimes ou jouets des Passions, dans tous les tems les Hommes furent les mêmes; qu'il est un terme où tout s'arrête, un degré de bien ou de mal que la frêle Humanité ne sauroit franchir. Ainsi Rome, sortie tout-à-coup de la poussière, s'éleva rapidement, et devint la Capitale de presque tout le Monde connu; mais elle retomba presqu'aussi vîte du faîte de la gloire, pour ne plus se relever et rentrer insensiblement dans le néant et dans l'oubli.

(3)

Cependant le nom et les hauts faits des Anciens
Romains remplissent encore le Monde; il se mêle
à leur souvenir un sentiment d'intérêt qui donne
du prix à tout ce qui a pu leur appartenir, quelque commun qu'en fût l'usage. C'est de cet intérêt
que naît le desir de connoître plus particulièrement tout ce qui a rapport à ces Conquérans célèbres; ce goût se développe ensuite, et s'étend bientôt à tous les Peuples de l'Antiquité.

L'Italie est couverte des débris et des ruines de
Monumens qui jadis en firent l'ornement, et qui
attestent la magnificence des Romains dans leurs
Édifices Publics et Particuliers; c'est là qu'il faut
aller pour se bien pénétrer de l'état des Arts chez
ce Grand Peuple. L'examen de ces Monumens
conduit à la recherche des Ouvrages des Grecs,
dont les Romains ont été les imitateurs; ils sont
plus rares, et lorsqu'on peut en découvrir, on est
frappé du haut degré de perfection auquel l'Art
étoit parvenu chez eux. Aussi les Monumens
Grecs que le tems a épargnés, sont-ils des sujets
toujours nouveaux d'admiration et d'étonnement,
en même tems qu'ils présentent un vaste champ
à l'érudition et à l'étude.

Il est reconnu que les Grecs ont dû aux Égyptiens la connoissance des Arts; mais leur enfance

a été de courte durée chez ce Peuple ingénieux, qui surpassa promptement ses Maîtres.

Les Égyptiens, dont l'origine se perd dans la nuit des tems, nous ont laissé dans leurs Ouvrages des preuves de leur goût pour le Merveilleux, et de leur desir de vivre dans le souvenir d'une longue postérité. En considérant les Pyramides, le Sphynx, la Statue de Memnon, et tous les restes d'immenses Édifices dont le sol de l'Égypte est couvert, quelle idée ne se fait-on pas de la Population et des ressources de ce pays, dans les tems même les plus reculés ! Les Monumens qui nous restent des Égyptiens, prouvent encore qu'ils ont connu et employé les procédés de l'Art les plus ingénieux et les plus difficiles : aussi s'étonne-t-on qu'ayant fait un aussi grand pas vers la perfection, ils n'ayent pu franchir l'intervalle qui sépare leurs Productions de celles des Grecs.

Les Perses ont eu, comme les Égyptiens, du goût pour le Merveilleux ; ce qui nous reste de leurs Édifices, peut donner des connoissances utiles sur l'origine et sur les progrès de l'Architecture.

Les Ouvrages des Chinois, des Japonois et des Indiens, prouvent qu'ils ont aussi cultivé les Arts avec succès dans des tems très-reculés. Toutes ces

Productions offrent à l'Antiquaire les moyens de faire des Observations et des Rapprochemens du plus grand intérêt. Son attention se porte même sur les ébauches grossières des Sauvages les moins policés ; c'est dans ces Ouvrages des Hommes de la Nature qu'il découvre les premières notions des Peuples sur les Arts, qui durent par-tout leur naissance à la nécessité ; leurs progrès successifs ne furent que l'effet du luxe et de l'opulence , à mesure que ces Peuples s'éloignèrent de leur première simplicité.

C'est en comparant entr'eux les produits de l'Art chez les différentes Nations à des époques différentes ; c'est en suivant l'Art lui-même depuis son enfance, jusqu'à son entière perfection ; c'est enfin en marquant les lacunes que les évènemens désastreux des Siècles passés y ont laissées, que l'Antiquaire se fait une occupation douce et instructive, et qu'il parvient à semer de quelques fleurs la route pénible de la vie.

Il seroit à desirer que le goût de l'Antiquité fût plus généralement répandu. Mais les dépenses considérables qu'exigent les Collections, la difficulté de les former, le travail souvent aride qui précède les jouissances , peut-être enfin cette indifférence que l'on apporte trop souvent à son instruction, voilà ce qui réduit, sans doute, à un très-petit nombre les Amateurs de cette Science ; elle est cependant nécessaire, pour ne pas dire indispensable, à ceux qui veulent s'appliquer aux Lettres et aux Arts. Peut-être l'étude des Langues Anciennes (1), que l'on s'occupe depuis quelques années de rétablir, ranimera-t-elle ce goût de l'Anquité presqu'éteint de nos jours. Alors quantité de Monumens intéressans ne seront pas détruits à mesure qu'ils sont rendus par la terre qui les receloit ; l'ignorance et la cupidité ne porteront plus au creuset ceux dont la matière paroît faire le plus grand prix ; nous pourrons espérer enfin d'avoir des Collections véritablement Nationales, qui fourniront aux Savans de nouveaux moyens d'illustrer notre Patrie.

Parmi les Antiquaires distingués de la Capitale,

___

(1) Outre les Cours de Langues qui font partie des Études au Collège de France, des Savans distingués font chaque année à la Bibliothèque Impériale des Cours publics de Langues anciennes, et M. Millin, Membre de l'Institut et Conservateur du Cabinet Impérial, en fait un d'Antiquités. Les jeunes Amateurs et les Artistes peuvent puiser dans ces Cours intéressans des Connoissances élémentaires qui les mettent à portée de travailler ensuite avec fruit. On a, dans le Cours d'Antiquités, l'avantage d'examiner de près les Monumens qui composent la riche collection du Cabinet impérial, et dont l'arrangement actuel ne peut donner qu'une idée très-imparfaite.

il en est un sur-tout auquel je me plais à payer ici
le juste tribut de ma gratitude ; c'est M. l'abbé de
Tersan, aussi connu par son affabilité que par son
érudition ; il possède, avec une Bibliothèque nombreuse et choisie, une précieuse Collection de
Monumens Antiques. Il est peu d'Amateurs et
d'Artistes dans la Capitale qui n'ayent à se louer
de son obligeance. Il a bien voulu m'encourager
et m'aider de ses avis ; et, en développant mon
goût pour l'Antiquité, il m'a fait faire quelques
pas dans le vaste champ où depuis long-tems il
récolte avec abondance.

Je regrète chaque jour davantage, ainsi que
ceux qui connoissent cet illustre Abbé, qu'il n'ait
pû terminer l'Ouvrage intéressant dont il s'occupoit (1). Cette perte n'est pas la seule que la Science

______

(1) Cet ouvrage a pour titre, *Arts et Métiers des Anciens, d'a-
près les Monumens*. Il devoit faire suite et compléter l'Antiquité
expliquée du père Montfaucon, et déjà plus de cent planches étoient
gravées, lorsque le changement de fortune du savant Auteur l'a
forcé de s'arrêter. La découverte d'une ville romaine, faite en 1772,
au Châtelet, près Saint-Dizier, avoit fourni à M. de Tersan quantité de monumens curieux, et dont plusieurs étaient inédits ; il les
avoit classés dans son ouvrage, suivant les Arts et Métiers auxquels
chacun d'eux appartenoit ; et il rapportoit avec soin tout ce qui avoit
été publié d'analogue, en indiquant le lieu de la découverte de
chaque objet, et citant les Auteurs qui les avoient précédemment

ait faite à ma connoissance, par l'insuffisance de moyens pécuniaires des Auteurs.

Les Monumens Antiques sont d'un grand secours aux Artistes dans leurs compositions; c'est là qu'ils peuvent étudier les Costumes, les Armes, tous les Usages Civils et Militaires des Anciens; ils y trouvent des sujets Mythologiques curieux et inconnus, l'idéal des Divinités et les traits des Héros; c'est par cette étude sur-tout qu'ils évitent dans leurs Productions, les contre-sens et les anachronismes. Le Gouvernement devroit donc, ce me semble, protéger et encourager ceux qui con-

décrits : il est on ne peut pas plus fâcheux que ce travail important reste incomplet.

J'ai vu un autre ouvrage aussi intéressant, et qui, je crois, n'a pas encore été publié; ce sont les Antiquités de Vienne, autrefois capitale des Allobroges, et l'une des plus anciennes villes des Gaules. M. Schneider, Professeur de dessin au Collège de cette ville, à qui ce travail avoit coûté beaucoup de soin et d'argent, me disoit, il y a quelque temps, qu'il n'avoit pu trouver encore les secours et la protection dont il avoit besoin pour mettre au jour son ouvrage. M. Schneider a sauvé de la destruction et rassemblé dans un local assez vaste de nombreux fragmens de Sculptures antiques et des pavés considérables de Mosaïque, qu'il a trouvé le moyen de faire transporter par un procédé très-ingénieux. Cette Collection compléteroit, ou du moins embelliroit beaucoup celle qui se trouve réunie dans la Capitale par les soins et sous la surveillance de M. Dufourny (Galerie d'Architecture, aux Quatre Nations).

(9)

sacrent leur fortune et leurs veilles à sauver de la destruction le peu que le tems a épargné ; il pourroit permettre, et même ordonner, des fouilles sur tous les points où elles promettroient d'être fructueuses. Il est probable qu'alors, sans aller chercher au loin les Monumens qui doivent décorer nos Musées, il suffiroit, pour former des Collections véritablement intéressantes, d'exploiter notre propre sol. Les découvertes qui se font chaque jour en France, et parmi lesquelles on peut citer comme très-récentes, celles d'Ornoy, de Beaune, d'Alize et de Labatie Mont-Saleon (1), prouvent que notre sol est aussi riche en trésors enfouis que celui de l'Italie. Lorsque le génie d'un Héros fait renaître ce vaste Empire de ses cendres, n'est-ce pas entrer dans le cercle de ses grands desseins, que d'indiquer les moyens d'y faire refleurir les Sciences et les Beaux Arts ?

La Collection que je publie a été entièrement recueillie dans les Jardins du Palais du Sénat, ci-devant appelé *Luxembourg*. Son principal mérite est d'appartenir au sol de la Capitale ; ce qui peut cependant lui donner plus de prix, c'est qu'elle

(1) On a trouvé dans les trois premiers endroits une très-grande quantité de Médailles d'or Romaines, et dans le dernier, une suite considérable de Monumens Antiques.

2

fait suite aux Découvertes du même genre qui furent faites en creusant les fondations de la nouvelle église Sainte-Geneviève (le Panthéon). M. de Caylus en parle ; mais trop briévement, dans son *Recueil d'Antiquités*, tome 3, page 402 et suivantes. Ce Savant Antiquaire dit qu'en vuidant les décombres on trouva une grande quantité de Médailles presque toutes du Haut Empire; il n'en cite cependant qu'une seule du module du petit bronze, ayant d'un côté la tête d'Auguste, et de l'autre, l'autel de Lyon. Je regrète singulièrement qu'il ne soit pas entré dans de plus grands détails sur cette découverte, et qu'il n'ait pas mis lui-même en pratique le conseil qu'il donne, en observant « que rien de ce qui peut servir à l'His- » toire de Paris n'est à négliger ». Il est, en effet, très-rare d'y rencontrer des Monumens Antiques, parce que les surfaces y ont successivement éprouvé des changemens incalculables , depuis près de treize siècles que les Romains ont cessé d'en être les maîtres. Par-tout les surfaces tendent à s'élever; mais les exhaussemens de terrains, que nous voyons depuis quelques années dans la Capitale, peuvent nous donner une idée de ceux qui ont dû y avoir lieu depuis un espace de tems aussi considérable.

Les travaux d'embellissement commencés en
l'an 9, dans les Jardins du Sénat, ont donné lieu
à des fouilles très-étendues; le Parterre a entièrement changé de face; il a fallu combler toute la
partie provenant des Chartreux, et des Jardins
des hôtels Vendôme et Quatremer. On a, au contraire, abaissé considérablement toute la Terrasse
parallèle à la rue d'Enfer, depuis la Fontaine
de Médicis, jusqu'au mur de ce dernier hôtel.
C'est dans cet espace de terrain que la plus grande
partie des objets que je publie ont été recueillis.
Je n'étois pas à Paris dans les premiers momens
de l'activité de ces travaux; mais à mon retour,
une Médaille de Germanicus, trouvée dans les
démolitions du cloître des Chartreux, et dont les
papiers publics firent mention, me donna l'éveil;
je suivis les ouvriers avec autant d'assiduité, que
si j'avois eu une mission pour cela, et je sauvai
de la destruction tout ce dont je pus avoir connoissance. Malheureusement on avoit, avant mon
retour, découvert et détruit un Pavé Circulaire
en Mosaïque, des Fours, des Atres, et des restes de
Constructions Anciennes, sur lesquels je n'ai pu
recueillir que des renseignemens imparfaits. L'inspection et l'examen de ces Monumens, auroit
appuyé les conjectures que je hasarderai dans la

suite de cet Ouvrage, en parlant des Établissemens qui ont autrefois existé sur le monticule
de Sainte-Geneviève. (*Mons Leucoticius.*)

Cette destruction n'est pas la seule chose qui
m'ait donné des regrets. La négligence et la cupidité des ouvriers, m'ont privé de plusieurs Monumens curieux. Une petite Figure en bronze de
la Victoire, fut vendue chez un chaudronier de la
place Maubert. M. Sander orfèvre, quai de la
Monnoye, acheta une Médaille d'or d'Auguste,
dont un étranger s'empara avant que je pusse
l'examiner. Un petit Vase d'argent avec des pieds
de biche, fut aussi fondu rue de Thionville. Plusieurs objets ont été donnés aux Chefs des travaux, d'autres dispersés ou vendus, et je n'ai pu
les récupérer. Cependant si ma satisfaction particulière ne m'abuse pas, ce que j'ai sauvé suffit
encore pour intéresser et venir à l'appui des précédentes Découvertes : elles avoient fait conjecturer, avec raison, que, du tems des Romains,
Paris étoit déjà une ville beaucoup plus importante que l'Histoire ne la présente, et que dès-
lors se préparoient sa grandeur et le haut rang
qu'elle occupe aujourd'hui. J'aurai atteint le but
que je me suis proposé, si cet Ouvrage peut contribuer à prouver l'illustration de la Capitale de

l'Empire Français, dès les premiers tems de son existence.

J'ai crû devoir faire précéder la Description des Objets d'Antiquité, par quelques Recherches très-abrégées sur Paris depuis son origine; j'en ai fait aussi quelques-unes sur le Palais du Sénat, et sur les Dépendances et les Environs de ce bel Edifice. On peut le placer parmi les plus considérables de la Capitale, et il a repris un nouveau lustre depuis qu'il appartient au premier Corps de l'État. Les Jardins de ce Palais, autrefois si mal disposés, et si désagréables à l'œil, ont été augmentés et embellis au point de rivaliser presque avec ceux des Tuileries. Quand on se rappelle l'abandon et l'antique solitude de ces Jardins, on regarde comme une féérie les changemens qui y ont été faits depuis quelques années; mais ce qui ajoute encore à leur agrément, c'est l'air salubre que l'on y respire.

Lorsque les Travaux qui doivent terminer la Restauration du Palais du Sénat, seront achevés; que les changemens projetés dans les environs seront exécutés, et que le Théâtre de l'Odéon sera rétabli, ce quartier deviendra, sans contredit, l'un des plus agréables et des plus recherchés de la Capitale.

(14)

Qu'il me soit permis d'indiquer ici le moyen
qui seroit le plus propre à rappeler dans ces Quartiers le mouvement et l'éclat ; ce seroit d'y replacer
la Comédie Française. Je sais que ce projet trou-
veroit des Contradicteurs , mais il auroit aussi ses
Partisans. Les Français attireroient à l'Odéon la
même affluence, le même empressement qu'autrefois ; et nous avons eu la preuve que l'on ne regardoit pas ce Théâtre comme trop éloigné du Centre,
lorsque les Directeurs de ce Spectacle offroient
au Public un bon Répertoire et de grands Talens.
On paroît au contraire , en général , persuadé
qu'un Spectacle du second ou du troisième ordre,
ne s'y établiroit pas d'une manière avantageuse.

SUR PARIS.

JE ne m'étendrai point sur l'origine de Paris, que quelques
auteurs font remonter à plus de 140 ans avant la fondation
de Rome (1); je rappellerai seulement que cette ville existoit
long-temps avant que les Romains fissent la conquête des
Gaules. On est même fondé à croire que les Parisiens, dont
elle étoit la capitale, firent partie de cette fameuse expédi-
tion, dans laquelle les Gaulois s'emparèrent de Rome (2),
sous la dictature de Furius Camillus, environ 390 ans avant
l'Ère Chrétienne.

César, dans ses Commentaires, nomme cette ville *Lutetia* (3). Il y a eu quantité d'opinions différentes sur l'étymologie de ce premier nom (4); on n'a pas mieux défini

(1) Duchesne, *Antiquités des Villes*, tom. 1, page 8.

(2) Polyb. *Hist. Lib.* 2; Tit. Liv., lib. 5.

(3) *Comment. de Bello Gallico*, lib, 6 et 7.

(4) On a fait dériver le nom *Lutetia* de *Lutum*, Boue, parce que cette ville,
étoit environnée de marais fangeux, et c'étoit l'opinion de Guillaume Lebreton, au 1er. livre de sa *Philippide*; Strabon l'a nommée Λευκοτεκιον, du mot grec
Λευκοτῆς, qui signifie blancheur; c'est-à-dire, la Ville Blanche. Les opinions
ont varié bien davantage sur le nom de Paris, que quelques-uns ont voulu tirer
de l'Hébreu et du Persan; on a prétendu aussi qu'un certain *Páris*, roi des
Celtes, lui avoit donné son nom. On ne finiroit pas, si l'on rapportoit tout ce
qui a été écrit à ce sujet. Ceux qui ont fait dériver ce nom du Grec, paroissent
du moins avoir eu un motif raisonnable; ils ont dit que *Paris* venoit de deux

celui de Paris, que lui donnèrent les Peuples dont elle étoit la ville principale, et il n'est résulté que des incertitudes de tout ce qui a été écrit et avancé à ce sujet. Dom Félibien (1) a peut-être pensé le plus sagement, lorsqu'il a dit qu'il ne falloit chercher cette étymologie ni dans le Grec, ni dans le Latin, mais dans la langue Celtique ou Gauloise, trop peu connue aujourd'hui pour y avoir recours (2).

Lorsque Jules-César s'empara de Paris pour la première fois, l'an de Rome 700, environ 54 ans avant J.-C. (3), cette ville étoit resserrée dans la petite île, qui renferme aujourd'hui les quartiers de la Cité et du Palais. Ce n'étoit alors qu'un amas irrégulier de huttes ou cabanes de bois et de terre, couvertes de chaume et de roseaux. Des bois, des collines et des marais l'environnoient de toutes parts, et on ne pouvoit y arriver que par deux ponts de bois. On s'accorde

mots grecs Παρα Ισιδος, près d'Isis, parce que cette Déesse avoit non seulement un culte fort ancien dans la ville de Lutèce; mais qu'elle avoit un temple considérable à Issy, près Paris (*V.* Rigordus, Lebreton, Juste-Lipse, etc.)

(1) *Histoire de Paris,* tom. 2, page 11.

(2) Parmi le grand nombre d'Auteurs anciens et modernes qui ont parlé de Paris et de son origine, on remarque : Strabon, Ptolémée, Antonin (*Itinéraire*) Julien III (*Misopogon*) Zozime, Ammien-Marcellin, Théodose *(Code),* Damville (*Notice des Gaules*), Duchesne (*Antiquités des Villes*), Bouterouc, Dubreuil, le Commissaire de la Marre (*Traité de la Police*), Marcel (*Histoire de la Monarchie française),* Dom Félibien *(Histoire de Paris),* Saint-Foix (*Essais historiques*), etc., etc. Je ne cite pas ici quantité d'ouvrages récens, dans lesquels il est question de Paris, parce qu'en général, leurs auteurs ont puisé dans ceux que je viens d'indiquer.

(3) Les Auteurs varient sur l'époque de cette première invasion; le commissaire de la Marre dit que ce fut l'an du monde 3998, de Rome 698, et avant J. C. 56. Dom Félibien, au contraire, place cette invasion à l'an 704 de Rome, et Richer (*Chronologie des Empereurs,* tom. 1, p. 50), dit qu'elle eut lieu l'an 700, les Auteurs étant presque tous d'accord, qu'en 702, les Gaules étoient entièrement conquises et pacifiées.

assez généralement à penser que l'un de ces ponts a été remplacé par celui de l'Hôtel-Dieu ; les opinions varient sur la position de l'autre. Les uns disent qu'il a dû exister à l'endroit où est le pont de Notre - Dame ; d'autres, et c'est le plus grand nombre, à la place du Pont-au-Change (1).

Cependant, malgré son peu d'étendue, Paris étoit dèslors une place importante ; elle avoit le titre de Cité, ses alliés étoient nombreux, et plusieurs villes dépendoient de son territoire (2). César dit qu'il y convoqua l'assemblée générale des Gaules, qui avant ce temps, se tenoit dans le pays Chartrain (3).

Les Gaulois, qui d'abord avoient regardé les Romains comme des alliés (4) venus à leur secours, ne tardèrent pas à reconnoître en eux des dominateurs ambitieux qui cherchoient à les subjuguer. La Gaule Belgique ayant donné le signal de la révolte, fut imitée par plusieurs autres provinces des Gaules, et les Parisiens se montrèrent des plus empressés à secouer le joug. Lutèce, leur capitale, devint le rendezvous général des troupes Gauloises commandées par Camulogène (5), et dont le but étoit d'empêcher la jonction de Labiénus avec Jules-César, qui se trouvoit alors sur les terres des Sénonois.

(1) Voy. de la Marre, Dom Félibien, Saint-Foix.

(2) *Thesaurus Gruterii*, pag. CCCLXXI, n°. 8, *Senonum*, *Tricassinorum*, *Meldorum*, etc.

(3) César, *de Bello Gallico*, lib. 6.

(4) *Ibid*, lib. 2 et 4.

(5) Camulogène étoit de Rouen, ville des anciens peuples nommés *Velocasses*, dans la *Lyonnoise seconde*. Sa réputation et ses grands talens militaires le firent choisir, malgré son extrême vieillesse, pour commander les Gaulois ligués contre les Romains, et à la tête desquels il périt en combattant (Voyez Marcel, *Histoire de la Monarchie française*).

3

Labiénus tenta le siége de Paris (1), du côté du midi; mais n'ayant pu pénétrer dans le marais dont cette partie étoit environnée, il retourna à Melun, dont il s'empara, et revint à Paris en côtoyant la Seine. Les Parisiens ayant été avertis de son arrivée, sortirent de leur ville après y avoir mis le feu, rompirent les ponts derrière eux, et se rangèrent en bataille sur la rive opposée à celle où se trouvoit Labiénus. Ce général feignit alors de se retirer, mais ayant trouvé le moyen de traverser la rivière pendant la nuit, il fut prêt à combattre dès le point du jour. La bataille se donna (2), les Gaulois y furent presqu'entièrement défaits; Camulogène perdit la vie à la tête de l'aîle droite, qui fut taillée en pièces sans que les soldats eussent quitté leurs rangs, et Paris retomba une seconde fois au pouvoir des Romains.

Cependant de nouveaux troubles ne tardèrent pas à éclater dans les Gaules; les Parisiens, toujours des premiers à y prendre part, fournirent huit mille hommes à l'armée combinée de Comius et Vercingentorix (3). Ces deux chefs Gaulois vinrent au secours de la ville d'Alexia, que César

(1) César *de Bello Gallico*, lib. 7.

(2) Cette bataille se donna, à ce que l'on croit généralement, au-dessous de Meudon, la 7e. année de la guerre des Gaules (Voy. Saint-Foix, *Essais hist.*, t. 1, p. 4). On trouve le plan de cette bataille dans le tome 1er. de l'*Histoire de la Monarchie française*, par Marcel.

(3) Comius étoit un seigneur d'Arras, qui rendit d'abord de grands services à César et aux Romains; mais ceux-ci ayant voulu le faire périr, il leva des troupes contr'eux, et se joignit aux autres chefs Gaulois, qui vinrent au secours d'Alexia; il subit le même sort qu'eux, après la prise de cette ville. Vercingentorix, Seigneur auvergnat, et le plus célèbre capitaine de son temps, se rendit à César lors de la prise d'Alexia; il fut conduit à Rome, et mis à mort après y avoir été traîné en triomphe. Parmi les Auteurs qui ont parlé de ce siége, on peut voir principalement Marcel précité, et Dom Martin (*Religion des Gaulois*).

tenoit assiégée, et dans laquelle Vercingentorix trouva cependant le moyen de s'introduire ; mais cette armée, composée de près de trois cent mille hommes, fut entièrement défaite sous les murs de cette ville (1), ce qui acheva d'assurer la conquête des Gaules aux Romains ; ils s'y maintinrent depuis sans interruption, pendant l'espace de plus de cinq siècles.

Jules-César fit sans doute rebâtir Paris, lorsqu'il s'en vit maître pour la seconde fois (2), et connoissant l'importance de cette place par la peine qu'il avoit eue à s'en emparer, il fit, à ce que l'on croit, construire un fort à l'extrémité de chacun des deux ponts qui y conduisoient ; il la fit aussi entourer de fortes murailles (3), après l'avoir augmentée et

(1) Suivant la plupart des Auteurs, le siège d'Alexia fut fait en 701. Cette ville des anciens peuples appelés *Mandubii*, faisant partie des *Ædui*, est aujourd'hui remplacée par le village d'Alise, Sainte-Reine, près Semur (*V.* Samson et Tillemont). Ce fut près de ce village que l'on découvrit en dernier lieu, à la suite d'un violent orage, plusieurs monumens romains qui paroissoient appartenir à une fabrique de monnoie ; elle a dû exister du temps de Tibère ; car on trouva en même temps un grand nombre de médailles d'or de cet Empereur, toutes fleurs de coin, tandis que celles d'Auguste, qui s'y trouvoient mêlées, étoient usées par la circulation : toutes ont été fondues à Paris, rue du Roule..

(2) Suivant Dom Félibien, cette seconde invasion eut lieu l'an de Rome 707 ; mais il paroît qu'en 706, César étoit en Egypte ; en 707, il défit en Afrique Juba, roi de Numidie, et revint à Rome, où il eut trois fois de suite les honneurs du triomphe ; ce fut cette année qu'il réforma le calendrier, et il ne quitta Rome qu'en 708, pour aller en Espagne combattre les fils de Pompée. Cette seconde conquête de Paris fut donc antérieure à l'an 706 (*V.* la *Chronologie des Empereurs*, t. 1).

(3) Saint-Foix (*Essais hist.*, t. 1, p. 5), ne croit pas à cette première enceinte de Paris, dont de la Marre parle (*Traité de la Police*, t. 1, p. 71) ainsi que plusieurs autres auteurs. Saint-Foix prétend que Malingre et le commissaire de la Marre n'ont pas puisé ce passage dans *Boëce*, Sénateur romain, qu'ils citent tous les deux, mais dans un ouvrage attribué à Scot, et qui ne peut être d'aucune autorité.

embellie de plusieurs grands édifices. Il est à croire même que dès les premiers tems de la domination des Romains, on commença à bâtir des faubourgs au dehors de cette première enceinte (1).

Les Romains, tout à fait maîtres des Gaules, y établirent la même forme de gouvernement que dans les autres provinces de l'Empire ; mais ils ne traitèrent pas également toutes les villes conquises. Ils mesurèrent les titres qu'ils leur accordèrent, sur le plus ou moins de peine qu'ils avoient eue à s'y établir ; les unes reçurent le nom d'alliées ; d'autres furent appelées colonies, préfectures, villes municipales et vectigales ou *tributaires* (2). La longue résistance que Paris avoit faite, la fit ranger dans cette dernière classe, et elle fut soumise au tribut annuel, ainsi que toute la Gaule Celtique, dont elle faisoit partie (3). Autun, Chartres, et quelques autres villes, furent du nombre des alliées.

On envoya d'abord dans les Gaules un Préteur ou Proconsul, aussi nommé Président, chargé de faire observer les lois romaines et de surveiller le paiement du tribut ; il y eut ensuite dans les villes des officiers subalternes pris dans la classe des citoyens, et qui furent désignés sous le nom de Défenseurs des cités.

Le Proconsul chargé de gouverner la Gaule Celtique, choisit Paris pour sa résidence. Ce fut alors que la langue latine s'y introduisit avec les lois romaines, et peu à peu la

(1) *Notitia Galliarum.* P. 439.

(2) César, *de Bell. Gallico*, lib. 5.

(3) Guillaume Lebreton, dans sa *Philippide*, dit que Paris payoit le tribut annuel aux Romains : *Reddendo tributa quotannis debita Romanis.* (Voy. *Hist. de Paris* par Dom Félibien, t. 1, p. lxxxvj, Origine de l'Hôtel-de-Ville.

(21)

langue celtique ou gauloise y fut presqu'entièrement oubliée (1).

Les Romains ne firent d'autres changemens à la religion des Gaulois que d'abolir les sacrifices (2) humains. On a prétendu qu'ils trouvèrent établi chez ces peuples, un culte presque semblable au leur, et que les divinités gauloises ne différoient que par le nom de celles qui étoient adorées par les Grecs et par les Romains (3). Ce qui paroît beaucoup plus

(1) Cette Langue, qui fut primitivement celle de tous les Celtes, s'est, à ce que l'on croit, conservée assez purement dans la Basse-Bretagne, et dans le pays de Galles. Il vient de s'élever à Paris, une Académie sous le nom de *Celtique;* le principal but de ses travaux est, dit-on, de retrouver et de faire revivre la Langue des anciens Celtes.

(2) Voyez les *Comment.* de César, liv. 7 : *Natio est admodùm Gallorum,* etc. Pline, *Hist. Nat.,* chap. 1, Liv. 30. *Namque Tiberii Cæsaris principatus sustulit Druidas eorum,* etc. Suétone, parlant de l'empereur Claude, dit : *Druidarum Religionem apud Gallos diræ immanitatis, et tantùm civibus sub Augusto interdictam, penitus abolevit.* Ainsi, Pline attribue à Tibère, l'abolition des Druides; Suétone et Aurelius Victor veulent qu'elle ait été l'ouvrage de Claude; quelques auteurs ont même prétendu que Tibère fit massacrer les Druides et détruire leurs bois sacrés. Le surnom de Tibère, porté par ces deux Empereurs, a pu les faire confondre, et Claude acheva peut-être ce que Tibère avoit commencé. Quoiqu'il en soit, cette abolition ne peut s'entendre que des sacrifices humains; car les Druides ont subsisté après Claude; on les voit autorisés sous l'empire d'Alexandre-Sévère, d'Aurélien et de Dioclétien, et ils paroissent avoir existé jusqu'à la fin du septième siècle (Voy. *Discours sur la Religion des Gaulois,* par M. de la Bastide-Duclaux, Paris, 1749). Pline dit encore a l'endroit précité, que le Sénat défendit les sacrifices humains. *Senatus-Consultum factum est, ne homo immolaretur.*

(3) César parle de six divinités adorées par les Gaulois : *Teutatés* (Mercure), *Belenus* ou *Mithra* (Apollon), *Taranis* ou *Camulus* (Mars), *Esus* (Jupiter), *Belisana* (Minerve), et *Dis,* (Pluton. Ces peuples se disoient issus de ce dernier; ce qui a fait croire à César (Liv. 6), que c'étoit d'après cette idée sur leur origine, que les Gaulois comptoient par nuits et non par jours : *Galli se omnes à Dite patre prognatos prædicant,* etc. Mais c'est une erreur; car cet usage étoit commun à tous les peuples qui, comme les Gaulois, employoient des mois purement lunaires, et les Mahométans comptent encore aujourd'hui de cette manière.

vraisemblable, c'est que les vainqueurs introduisirent aisément le culte de leurs dieux, chez les peuples qu'il avoient
soumis ; ce qui est certain, c'est que les Gaulois ne dressèrent
des temples et des autels qu'à l'imitation des Romains, car
cet usage n'existoit pas chez eux auparavant ; ils avoient une
si haute idée de la divinité , qu'il ne leur étoit pas venu à
l'esprit qu'elle eût besoin d'habitations construites de la main
des hommes (1).

Sous la domination des Romains , Paris fut donc aggrandi
et embelli d'édifices somptueux à l'instar de Rome ; un enclos
qui se nommoit encore en 1284 , *Champ des Arènes* , et
qui étoit situé entre les Pères de la Doctrine (rue des Fossés
Saint-Victor) et la rue Saint-Victor, a fait conjecturer qu'il
y avoit eu un amphithéâtre dans cet endroit. Montfaucon et
Leroy en ont parlé ; Ammien Marcellin fait mention d'un
Champ-de-Mars qu'il nomme *Campus* (2) , et de deux places

(1) On a avancé que les Druides avoient tiré leur Théologie des Hébreux,
et on a fait, d'après cette supposition, divers rapprochemens plus ou moins
hasardés ; les Auteurs n'ont pas été non plus d'accord sur les rapports d'attributs et de fonctions des Divinités Gauloises avec celles des Grecs et des
Romains ; plusieurs ont même douté de leur identité : il est seulement probable
qu'en partageant entre plusieurs Dieux l'administration de l'Univers, les Gaulois reconnoissoient cependant un être supérieur tout puissant et unique, auquel les autres devoient les honneurs de la Divinité. On a pensé que les Druides
croyoient à une sorte de Métempsycose, ou transmigration d'ames , parce que
Pythagore , qui avoit été leur disciple , avoit répandu cette doctrine ; Jules-
César a eu d'eux la même opinion. Cela paroît d'autant plus opposé aux maximes
de ces anciens Philosophes, que leurs prosélytes prêtoient des sommes rembour-
sables dans l'autre monde, et qu'ils y écrivoient à leurs parens et à leurs amis
(Voy. Val. Max. L. II , cap. VI, *Memoriâ proditum est pecunias mutuas quæ
his apud inferos redderentur, dare solitos*). Dom Martin, dans la *Religion des
Gaulois* , a donné la liste nombreuse des divinités qui furent successivement
adorées dans les Gaules.

(2) Ammien Marcellin , Liv. 20 , chap. 5, et Liv. 21, chap. 2 ; Caylus, *Rec.
d'Antiq.* tom. 2 , page 376.

publiques que Julien l'Apostat, dans sa lettre aux Athéniens , appelle ΑΓΟΡΑ, *Forum.* Ce fut dans l'une de ces places que ce Prince harangua ses troupes avant que de les faire partir pour l'Orient. Mais on ignore entièrement où ces places ont été situées. Il reste, rue de la Harpe près celle des Mathurins, quelques ruines d'un Palais qu'on nomme communément Thermes de Julien. Des restes de murs antiques , trouvés dans le petit Châtelet, et auxquels on a cru reconnoître que des piliers de fondation et des voûtes conduisoient depuis les ruines de la rue de la Harpe , ont fait conjecturer qu'il y avoit eu dans cet endroit un édifice immense dont les dépendances s'étendoient jusqu'à la Seine (1).

On a connoissance de trois temples principaux qui existoient autrefois aux environs de Paris ; l'un sur la butte de Mont-Martre, dédié à Mars, d'où l'on a fait dériver le nom de ce monticule, *Mons Martis.* On l'a encore expliqué par *Mons Martyrum,* parce qu'il fut arrosé du sang des premiers

(1) Ce Monument antique est le seul que le tems ait épargné dans la Capitale. On croit assez généralement que l'édifice dont il faisoit partie et qui fut certainement l'ouvrage des Romains , étoit antérieur à l'Empereur Julien. Ces ruines , qui présentent une salle vaste et voûtée , sont situées dans l'endroit le plus étroit et le plus fangeux de la rue de la Harpe , et il est presque certain que la plupart des habitans des maisons voisines en ignorent l'existence ; on a de la peine à les découvrir au fond d'une cour qui sert d'atelier à un tonnelier ; l'intérieur est encombré de tonneaux , et ce n'est qu'avec la plus grande précaution et non pas sans danger, que les curieux peuvent examiner de près la construction des murs et quelques restes de proues de vaisseaux qui terminent les arrêtes de la voûte. Il seroit à desirer que quelque circonstance heureuse fît dégager ce Monument des bâtimens qui l'environnent ; la sûreté publique y gagneroit, et les amateurs de l'antiquité pourroient prendre une idée plus juste des édifices construits par les Romains , dans la Capitale de l'Empire français. M. de Caylus , *Recueil d'Antiq.* tome II , a donné le plan et les dimensions de ce Monument, qui vient tout récemment d'être gravé dans un ouvrage périodique , intitulé *l'Atheneum ,* publié par M. Battard.

(24)

Martyrs. On voyoit quelques vestiges de ce temple dans l'ancienne Abbaye (1).

Le second étoit dédié à Mercure; on croit que ce fut sur ses ruines que fut construite l'Église de Notre-Dame-des-Champs, remplacée par les Carmelites, faubourg Saint-Jacques (2).

Enfin le troisième temple et le plus considérable étoit dédié à Isis ou Cérès (3), car ces deux divinités étoient souvent confondues et regardées comme la mère commune de toutes choses. Sur l'emplacement de ce temple fut bâtie l'Église de l'Abbaye Saint-Germain-des-Prés.

Isis avoit encore un temple à Issy, près Paris.

On découvrit dans le bois de Vincennes, une inscription

(1) Sauval, *Antiq. de Paris*, tome Ier. page 349, et tome III.

(2) On a trouvé dans tous les environs de cet ancien Temple, une grande quantité d'urnes cinéraires, ce qui a fait conjecturer que ce lieu servoit de sépulture aux habitans de l'ancien Paris. Cette opinion s'accorde d'ailleurs avec les fonctions que les Romains attribuoient à Mercure.

(3) Comme je viens déjà de le dire, les auteurs ont beaucoup varié sur les attributs des divinités gauloises, et sur les noms de celles qui étoient spécialement adorées dans les temples dont il est question. Suivant de la Marre, *Teutatès* étoit le même que *Mars*, et *Esus* le même que *Mercure*. Il attribue à Isis ou Cérès, le Temple sur les ruines duquel fut bâtie l'Église St.-Germain-des-Prés. Suivant Sauval, le Temple de Cérès étoit à Notre-Dame-des-Champs, et celui d'Isis seulement à Issy. (Voyez de la Marre, *Traité de la Police;* Sauval, *Antiquités de Paris;* et Dom Martin, *Religion des Gaulois.*) On est au reste en général, persuadé qu'Isis a eu dans l'ancien Paris, un culte particulier. On en a fait dériver le nom de cette ville, et on rapporte encore à l'appui de cette opinion, sur le culte de cette Déesse, le vaisseau qui étoit un de ses attributs, et que l'on retrouve sur les plus anciens monumens et dans les armoiries de cette Capitale. Dubreuil parle d'une statue d'Isis qui exista long-temps dans l'Église Saint-Germain-des-Prés. Un pieux Abbé de ce Monastère la fit abattre et détruire, indigné de ce que le peuple continuoit d'adresser des vœux à cette idole. (Voyez Dubreuil, *Antiq. de Paris,* liv. 11.)

qui faisoit mention du rétablissement d'un Collége en l'honneur de Silvain, sous le règne de *Marc-Aurèle*. Il est vraisemblable que ce dieu eut aussi un temple dans les bois qui couvroient toute cette partie; car c'étoit hors des villes et dans la solitude des forêts, que l'on plaçoit de préférence les temples, afin que rien ne troublât le silence et la majesté des cérémonies religieuses.

Les Antiquités, dont la découverte fit le plus de bruit, furent celles que l'on trouva au mois de Mars 1711, en creusant un caveau dans le Chœur de l'Église de Notre-Dame. Les Églises chrétiennes, ayant été très-souvent construites sur l'emplacement et même avec les débris des temples païens, on peut conjecturer, d'après cette découverte, qu'il y avoit eu dans cet endroit un temple dédié à Jupiter (1).

On a trouvé les restes de deux Aqueducs, dont l'un distribuoit les Eaux de Rongis, Chilly et autres lieux, à toute la partie gauche de la ville, et principalement au Palais des Thermes; peut-être une de ses branches s'étendoit-elle du côté de l'Amphithéâtre de la rue Saint-Victor, pour fournir

(1) Ces Antiquités consistoient en huit Pierres ornées de sculptures, et de même nature que la pierre de Saint-Leu; elles représentoient diverses Divinités Gauloises, et portoient une inscription dédiée à Jupiter très-Grand, par les mariniers de Paris, sous le règne de Tibère. Ces Sculptures donnèrent lieu dans le tems à de grandes discussions entre les Savans, sur la Théogonie des Gaulois. Ceux qui ont écrit sur ces Monumens sont entr'autres, *Sauval, Bonamy, Dom Félibien, Saint-Foix, Moreau de Mautour, Baudelot, Georges Keisler, Eccard, Leibnitz, Montfaucon, Leroy, et Dom Martin.* Ils ont été gravés dans plusieurs ouvrages, notamment dans *l'Antiquité expliquée,* par Dom Montfaucon, et dans *l'Histoire de Paris,* par Dom Félibien. Ils sont en ce moment déposés au Musée français, rue des Augustins. M. Lenoir, administrateur de ce Musée, a de nouveau fait graver ces Antiquités, dans l'ouvrage qu'il a publié sur les Monumens recueillis dans cet asyle momentané des meilleures productions de nos artistes modernes.

des eaux lors de la *Naumachie* ou Combat sur l'eau , qui faisoit partie des jeux dont on amusoit le public. Cet Aqueduc passoit dans la Vallée d'Arcueil, sur des arcades dont on voit encore quelques ruines au milieu des nouvelles constructions. En 1731 on découvrit près du faubourg St.-Jacques, les rigoles qui conduisoient les eaux; elles avoient 13 pouces de largeur sur 19 de profondeur.

L'autre Aqueduc venoit de Chaillot et suivoit la direction de la porte Saint-Honoré. M. de Caylus (T. 2. Pl. CVIII et CXII.) donne le plan des canaux trouvés sous les Champs-Élysées et la place Louis XV, que l'on a regardés comme des restes de cet Aqueduc; sa direction vers le côté droit de la ville par la rue Saint-Honoré, fut confirmée par la découverte faite en 1781 dans les Jardins du Palais-Royal ; on y trouva, à trois pieds de profondeur, un bassin ou réservoir de construction romaine, ayant 20 pieds en carré. (Ces fouilles (1) produisirent un cachet et quelques médailles.)

(1) M. Bourignon de Saintes fit imprimer en 1781 quelques Recherches sur cette découverte. Il persista dans sa première opinion, que les matériaux du bassin, ainsi que sa construction, indiquoient un ouvrage des Romains, malgré les observations de M. Louis, architecte du Duc de Chartres, qui, d'abord, avoit pensé comme M. Bourignon, et qui changea ensuite d'avis. On trouva dans ces fouilles, un cachet gravé d'un oiseau éployé, et des médailles de Postume, Aurélien, Dioclétien, Magnence, Crispe et Valentinien. Celle de Postume, qui régnoit dans les Gaules l'an 260, étant la plus ancienne, il paroîtroit que ce fut à cette époque que le côté droit de la ville commença à se peupler, ce qui contrarierait singulièrement l'opinion des auteurs qui ont prétendu que Paris ne s'aggrandit de ce côté que sur la fin de la seconde race de nos Rois.

St.-Foix, dans ses *Essais historiques sur Paris* (tome Ier. page 292.), prétend que l'Aqueduc d'Arcueil et le Palais des Thermes ne furent commencés que vers l'an 361, par Julien l'Apostat ou par ses ordres. Il s'appuie d'un passage du *Misopogon* où ce Prince dit : *Que les Parisiens habitent une île, et n'ont pas d'autre eau que celle de la Seine.* Saint-Foix ajoute qu'il y avoit dans la Cité un Palais

L'examen de· ce bassin fit penser qu'il avoit fait partie de l'Aqueduc venant de Chaillot.

On peut conjecturer aussi qu'il y avoit anciennement à Paris un Cirque, et qu'il étoit situé près de la rue St.-Victor. (Voyez ci-dessus page 22.) On voit dans Grégoire de Tours, que Chilpéric (1), petit-fils de Clovis, donna au peuple, dans cette ville, les plaisirs des jeux du Cirque.

Tout cela prouve, comme je l'ai avancé, que Paris fut orné dès les premiers tems de la domination des Romains, de somptueux et nombreux Édifices Publics. Mais la ville, étant très-peuplée et son enceinte très-resserrée, une partie de ces Édifices fut sans doute construite au dehors; ce fut alors que commença l'aggrandissement de Paris, parce que les habitations durent s'étendre et se multiplier dans tous ses environs, pour contenir la suite nombreuse des Gouverneurs romains et des Empereurs qui fixèrent leur séjour dans cette ville.

Plusieurs de ceux qui vinrent dans les Gaules, après Jules-César (2), passèrent dans cette Capitale et s'y arrêtèrent. Il est

qui fut habité par Julien , comme il l'avoit été par César et par les Proconsuls qui furent envoyés à Paris ; que ce Palais fut aussi le séjour de plusieurs Rois de la première et de la deuxième race , de Hugues Capet et de ses successeurs jusqu'à Charles VII, qui l'abandonna au Parlement. Ici , Saint-Foix confond avec l'Édifice bâti par les Romains , le Palais que nos Rois ont eu dans la Cité ; car celui des Thermes étoit déjà inhabité vers la fin de la deuxième race , et ses jardins incultes. Quant à l'époque de sa construction , Ammien Marcellin , secrétaire et historien de Julien , ne dit rien de cet édifice ; ce qui prouve qu'il étoit antérieur , car il n'est pas vraisemblable qu'il ait été bâti après ce tems. (Voyez Corrozet; Caylus , tome II , page 372.)

(1) Greg. *Hist. lib.* 5. *cap.* 18. Saint-Foix a , comme Grégoire de Tours , attribué la construction de ce Cirque à Chilpéric lui-même , et Adrien de Valois l'a regardé au contraire comme un ouvrage des Romains.

(2) Depuis Jules-César , jusqu'à Julien l'Apostat , il n'est presque pas fait mention de Paris dans l'histoire.

certain que le séjour en parut agréable à tous, et que la plupart en firent leur demeure habituelle.

Auguste resta deux ans dans les Gaules pour les pacifier. (De Rome, 738 et 739.)

Caligula y vint l'an 40 de J. C.

L'Empereur Claude naquit à Lyon; il étoit en Angleterre l'an 43, et dut séjourner dans les Gaules.

Les Gaulois, témoins des nombreux exploits de Galba, lui offrirent l'Empire après la mort de Caligula, mais il le refusa; ce ne fut que 17 ans après qu'il accepta la Couronne de ces mêmes peuples, pour se soustraire à la proscription de Néron, et d'après le conseil de Vindex, gouverneur de la Gaule Celtique. Ce dernier étoit Gaulois, et descendoit des anciens Rois de cette nation; il leva des troupes pour s'opposer aux désordres de Néron, mais il fut défait par Virginius.

Hadrien parcourut toutes les provinces de l'Empire, la Germanie, les Gaules, la Bretagne, l'Espagne, etc.

Septime Sévère y fut attiré par ses querelles avec Albin, qui causèrent une grande division dans ces provinces. Mais Albin fut défait aux portes de Lyon par Sévère, qui passa de là en Angleterre, avec ses deux fils Caracalla et Géta; on connoît la manière grande et généreuse dont il pardonna à Caracalla, qui avoit conspiré contre sa vie dans cette province; mais ce monstre ne renonça à ce crime que pour en commettre ensuite un aussi affreux, en arrachant la vie à son frère.

Alexandre Sévère vint dans les Gaules, pour défendre leurs frontières contre les Germains; il fut tué par ses soldats, l'an 235, dans son camp, près de Mayence.

Il n'est pas inutile d'observer ici, que les Francs sont nommés pour la première fois dans l'histoire, l'an 241, sous le règne de Gordien III. Ce fut à cette époque qu'Aurélien, depuis Empereur, les défit près de Mayence. Ce fut aux environs de cette même ville, que quatorze ans après, ce Prince remporta encore de grands avantages sur ces barbares.

Gallien fit la guerre dans les Gaules sous le règne de Valérien, et en partit en 260 pour aller prendre les rênes de l'Empire; il y revint en 264 pour combattre Postume, qui avoit fait tuer le jeune Valérien son fils, et il fut blessé en faisant le siége d'une ville gauloise. On voit à Bordeaux les restes d'un très-bel Édifice auquel on a toujours donné le nom de Palais de Gallien (1).

Postume fut proclamé Empereur dans les Gaules, l'an 260, et y régna; il s'y associa quatre ans après Victorin (2), qui fut tué par Lollien, ou plutôt Lœlien (3); ce dernier fut bientôt lui-même tué par ses soldats.

Victorin ne fut pas plus heureux, car il fut trahi par sa propre femme, à la sollicitation de laquelle Tétricus fut couronné; Marius fut aussi revêtu de la pourpre impériale, et assassiné par un de ses soldats qui lui dit, en lui plongeant

(1) On fit il y a cinq ans près de Bordeaux, la découverte d'environ 20,000 médailles de petit bronze; un chaudronnier les acheta et les apporta à Paris, où il s'avisa par hasard d'en tirer parti. Un marchand de curiosités en fit l'acquisition, et j'ai eu la patience de les voir toutes l'une après l'autre; j'en choisis environ 600, parmi lesquelles se rencontrèrent des revers curieux; j'y trouvai 17 têtes d'empereurs, le plus ancien étoit Trajan Dèce, et le dernier, Tétricus fils.

(2) J'ai acquis depuis peu une médaille de petit bronze très-rare, et qui fut sans doute frappée en mémoire de cette association; d'un côté est le buste de Postume et de l'autre celui de Victorin; l'un et l'autre portent le titre d'Auguste. J'ai une autre médaille de même module et de même métal, avec les bustes des Tétricus père et fils.

(3) Les médailles de ce tyran portent pour légende : *Imp. C. Lœlianus, P. F. Aug.* Une seule paroît porter les surnoms de *Caïus Cornelius*, et le nom d'*Ælianus* au lieu de *Lœlianus*; cela laisseroit quelqu'incertitude sur le véritable nom de cet Empereur que quelques-uns appellent encore *Lollien*.

son épée dans le cœur ; *elle a été forgée dans ta boutique.*
(Marius avoit été armurier). Tétricus ne put supporter le
fardeau de la couronne, qu'il fallait défendre par des combats
continuels ; il se rendit à Aurélien, en 273, près de Châlons-
sur-Marne, et reçut en récompense le gouvernement d'une
partie de l'Italie. Aurélien réunit à cette époque les Gaules à
l'Empire, dont elles étoient restées démembrées pendant
treize ans.

Probus vint dans les Gaules en 277, et les délivra des nations étrangères, dont elles étoient inondées ; il permit aux
Gaulois de planter des vignes, ce qui leur avoit été défendu
par Néron et Domitien.

Proculus et Bonosius, qui usurpèrent le titre d'empereurs
des Gaules, furent aussi les victimes de leurs propres soldats.

Pendant le règne de Dioclétien, il s'éleva encore un usurpateur ; ce fut Carausius qui garda sept ans la Bretagne (l'Angleterre).

Maximien Hercule défit, en 286, des paysans gaulois qui
s'étoient révoltés, et que l'on appeloit *Bagaudes* (1). Ils
s'étoient réfugiés dans la presqu'île, formée par la Marne, à
une lieue de Paris, et retranchés dans un château où Maximien
les assiégea ; il s'en rendit maître, et le fit raser. Les fossés de
ce château ont subsisté long-temps, et ont donné leur nom à
cet endroit appelé *Fossés St.-Maur.* Cneïus Salvius Amandus,
l'un des chefs de ces révoltés, avoit usurpé le titre d'Auguste.

Constance Chlore séjourna aussi dans les Gaules.

Le grand Constantin y fit la guerre aux Francs et aux Alle-

____

(1) On voyoit encore à Paris, en 1508, la porte Bagaude. Elle tiroit sans
doute son nom de la retraite des ces rebelles *(castrum Bagaudarum)*, à laquelle
elle conduisoit. (*Voyez* le deuxième plan du *Traité de la Police*, par de la
Marre.)

(31)

mands, et après les avoir chassés de ces provinces, il repassa
les Alpes pour combattre le tyran Maxence, qu'il défit près de
Rome.

Magnence usurpa la pourpre impériale dans les Gaules;
Décence, son frère, y fut envoyé l'an 350, pour soumettre
quelques provinces qui s'étoient révoltées; mais Magnence le
séduisit et le créa César à Melun. Vaincu ensuite par Constantin, il se tua près de Lyon, et Décence s'étrangla à Sens
pour se soustraire à la colère du vainqueur.

Enfin, Julien, surnommé l'Apostat, fut envoyé dans les
Gaules en qualité de Proconsul, l'an 356, pour s'opposer aux
ravages des Allemands (1). Les Romains, presque découragés,
avoient perdu l'habitude de vaincre; son arrivée leur rendit
toute leur fermeté. Après avoir repoussé les barbares, Julien
revint s'établir à Paris, dont il fit son séjour ordinaire; il en
parle avec prédilection (2). Ce fut dans cette ville qu'il fut

(1) On voit au Musée Napoléon, Galerie des Antiques, Salle des Empereurs,
numéro 16, une Statue de Julien l'Apostat, en marbre grec dur, d'une parfaite
ressemblance. Elle fut apportée d'Italie à Marseille, et ensuite à Paris par le
sieur Millotti, avec une seconde toute semblable et beaucoup d'autres morceaux
de sculpture. M. Dumont, rue du Mont-Blanc, acheta ces deux Statues à la vente
de Millotti, et ce fut chez lui que l'acquisition de celle qui est au Musée fut
faite pour le compte du Gouvernement; l'autre existe encore dans ses ateliers.
Le célèbre et docte antiquaire Visconti, dans sa *Notice du Musée*, dit à l'article
de cette Statue, que peut-être la ville de Paris, qui devoit beaucoup de reconnoissance à cet Empereur, lui avoit fait ériger ce Monument; cette conjecture
ingénieuse auroit pu conduire à quelques erreurs relativement à l'État de l'Art
dans les Gaules; ce qui m'a engagé à la détruire en prévenant M. Visconti de ce
que j'avois découvert sur l'origine de cette Statue.

(2) Julien, (*Misopogon*, page 62). Ce prince dit qu'il passoit l'hiver dans sa bien-
aimée Lutèce, cité des Parisiens, située en une petite île, avec deux ponts de
bois qui en facilitent l'entrée. Là, l'hiver est très-tempéré....., En leur terroir,
croissent encore de bonnes vignes, et plusieurs ont déjà réussi à y conserver des
figuiers, dont les fruits y viennent à maturité, etc. etc. (Voy. de la Marre,
Traité de la Police, tome Ier. page 72.)

proclamé Empereur, en 360, et il ne la quitta que pour aller prendre les rênes de l'empire, après la mort de Constance Galle.

Valentinien Ier., obligé de passer dans les Gaules, pour en chasser les Germains, arriva à Paris à la fin d'octobre, l'an 365. Il envoya des troupes contre ces barbares, et s'avança lui-même jusqu'à Rheims; mais ayant appris qu'ils avoient été repoussés, il revint passer l'hiver à Paris. Nous avons trois lois (1) datées de cette ville, dont le séjour plaisoit beaucoup à cet empereur; il s'y trouvoit encore l'année suivante, lorsqu'il apprit la victoire signalée de Jovin, sur des barbares qui avoient battu ses troupes quelques mois auparavant; enfin, il y reçut la tête de Procope, qui lui fut envoyée d'Asie, où il avoit été mis à mort (2).

Gratien, fils et successeur de Valentinien, paroît avoir aimé comme lui le séjour de Paris ; ce fut près de cette ville, et en l'an 383, qu'il combattit Maxime, qui avoit usurpé le titre d'empereur, et à qui la victoire demeura. Gratien, trahi par ses soldats, fut obligé de fuir jusqu'à Lyon, où les envoyés de l'usurpateur le joignirent et le massacrèrent. Sa mort fut vengée par Théodose, qu'il avoit associé à l'empire, et qui lui succéda.

Le grand Théodose empêcha, pendant son règne, les barbares qui menaçoient l'Empire, de pénétrer dans ses provinces ; mais il n'en fut pas de même sous le règne de ses fils, Honorius et Arcadius. Une multitude innombrable de

---

(1) *Cod. Theodos.* tome II. *Chronolog.* page 76. (Voyez Sauval, *Antiq. de Paris.*)

(2) Ammien Marcellin, liv. 27.

différens peuples perça de tous côtés (1). Parmi ceux qui entrèrent dans les Gaules, les Goths, les Francs et les Bourguignons cherchèrent principalement à s'y fixer; les autres ne firent que les traverser pour aller s'établir ailleurs.

On croit que ce fut vers l'an de J. C. 418, que les Français commencèrent leur établissement dans les Gaules; mais dès l'an 396, et même bien avant, ils paroissent déjà s'y être introduits; ce fut dans le courant de cette même année (396), que Marcomer, prince des Français et père de Pharamond, et Sunnon, son frère, rompirent le traité de paix qu'ils avoient fait avec les Romains. Sunnon fut tué, Marcomer fut fait prisonnier, et Clodien dit, qu'à cette époque, Honorius donna d'autres chefs aux Français. Quoiqu'il en soit, c'est Pharamond, fils de Marcomer, qui est reconnu pour le fondateur de leur Monarchie, quoique plusieurs savans l'ayent regardé seulement comme un capitaine, et non comme un roi de France (2).

(1) *Innumerabiles et ferocissimæ nationes universas Gallias occupârunt......
Quadus, Vandalus, Sarmatæ, Alani, Gepides, Heruli, Saxones, Burgundiones, Alemanni.* (Voyez Hier. *in Ep. ad Ageruchiam de Monogramiâ.)*
Stilicon, d'origine Vandale, et qui vouloit faire couronner son fils Euchère, aida principalement à ces irruptions, et attira les Nations barbares qui fondirent sur les Gaules. (Prosper, dans sa *Chronique*, croit que ce fut en l'an 406.)
Mayence fut saccagée ainsi que les villes d'Amiens, Arras, Tournai, Spire et Strasbourg, et la plupart de leurs habitans furent emmenés en esclavage dans l'Allemagne. Pendant ce temps les Visigoths ravageoient le midi et forçoient les Vandales, les Alains, et les Suèves, qui occupoient l'Aquitaine, à passer en Espagne. (Voyez Marcel. *Hist. de la Monarchie française*, tome Ier.)

(2) Il y a eu beaucoup de conjectures sur l'histoire de la Première Race des Rois de France. Sulpice Alexandre, auteur très-connu du tems de Grégoire de Tours qui le cite, mais dont les ouvrages sont perdus, fait entrer les Français dans la Germanie gauloise, dès l'an 388, sous le règne de Maxime; il leur donne pour chefs Génobalde, Marcomer et Sunnon. (*Histoire des Francs*, liv. 3.) Dans

Les Français s'emparèrent d'abord de Trèves, et s'établirent dans le pays de Tongres, sous la conduite de Pharamond. Clodion, son fils, lui succéda, et perdit quelques-uns des avantages de son prédécesseur ; il fut battu proche du Rhin, en 428, par Aëtius, général des Romains, sous le règne de Valentinien III. Mais les pertes que fit Clodion, furent promptement réparées par Mérouée, qui lui succéda. Les Romains qui perdoient chaque jour de leur autorité, dans les Gaules, au lieu d'en chasser Mérouée, firent alliance avec lui ; les Romains et les Francs se réunirent pour s'opposer aux ravages des Huns, qui étoient entrés dans ces provinces, au nombre de cinq cent mille, sous la conduite d'Attila, leur roi.

Ce barbare qui se faisoit appeler le fléau de Dieu, mit tout à feu et à sang dans les lieux où il pénétra : enfin, vaincu par le Patrice romain Aëtius soutenu des Goths et des Francs, il fut chassé au moment où il alloit faire le sac de la ville d'Orléans. Poursuivi et défait dans les plaines de Mauriac, près de Châlons sur Marne, il réussit à s'échapper, et se retira vers le Rhin, avec le petit nombre des siens qu'il put réunir. Ce fut en 451 que les Gaules se trouvèrent ainsi délivrées de ce barbare altéré de sang.

le livre 4, il est parlé d'un traité de paix fait au nom des Francs, en l'an 390, par Marcomer et Sunnon, avec Arbogaste, Général des Armées romaines, et Franc de nation. Suivant le même auteur, ce fut ce Général qui rompit ce traité en 392, tandis que d'autres ont prétendu que ce furent les chefs des Francs qui manquèrent à leur parole. Dans la *Chronologie des Empereurs*, par Richer, on voit les Francs défaits en 288 par Maximien Hercule. Atec et Génobaud, leurs Rois, viennent prier ce prince de ne pas les dépouiller de leur Royaume ; on y voit encore en 506, Ascaric et Régaire, Rois des Francs, faits prisonniers par le grand Constantin, qui les fait exposer aux bêtes dans un spectacle public.

Il paroît au reste qu'en général, l'histoire de ces premiers tems est très-peu connue.

Aëtius fut le dernier gouverneur des Romains dans la Gaule Celtique ; il fut tué à Rome l'an 454 , de la main même de Valentinien (1) ; ce prince périt lui-même l'année suivante , ce qui accéléra la ruine de l'Empire d'Occident.

Les Français, sous la conduite de Mérouée, s'avancèrent jusqu'à la Seine; sous Childéric, son successeur, ils pénétrèrent jusqu'à la Loire, et la passèrent. Childéric fut le premier qui chassa tout à fait les Romains de Paris, vers l'an 476, et qui se rendit entièrement maître de cette ville. Augustule (2), dernier Empereur d'Occident, régnoit encore à cette époque, et le trône de l'Orient étoit occupé par Basilisque, qui avoit usurpé l'Empire, après avoir chassé Zénon (3).

Clovis , premier roi chrétien , et le plus illustre de ceux de la première race, préféra le séjour de Paris à celui de toute autre ville. Ayant, vers l'an 508, chassé les Romains, et s'étant emparé des terres des Bourguignons et des Visigoths , il demeura paisible possesseur de ses états, et déclara Paris la capitale de son empire ; il reçut à cette époque dans la ville de Tours la dignité de Consul , dont les ornemens lui furent

(1) Greg. de Tours ; liv. 2 , chap. 8.

(2) On remarque , comme une singularité frappante , que les derniers Empereurs d'Occident ont porté les noms de Jules et d'Auguste comme les deux premiers Empereurs Romains. Ce fut en 507 , qu'Odoacre, l'un des chefs des milices romaines , composées en grande partie de barbares indisciplinés , se fit proclamer Roi d'Italie ; et que ce titre odieux à Rome, depuis tant de siècles, y fut rétabli. (Voyez la *Chronologie des Empereurs, tome 2, pag.* 234).

(3) J'ai passé rapidement en revue les Empereurs Romains qui ont séjourné dans les Gaules , parce que les Médailles que j'ai recueillies , et dont je donnerai la nomenclature générale, indépendamment de celles que j'ai fait graver pour montrer la variété des têtes , présentent des rapprochemens curieux. De toutes les découvertes, qui ont été faites en France , aucune n'offre une aussi grande variété relativement au peu d'espace dans lequel ces Médailles ont été recueillies.

envoyés par l'empereur Anastase. La préférence que Clovis accorda à la ville de Paris, fut imitée par la plupart de ses successeurs; Childebert, l'un de ses fils, fut roi de Paris. Dagobert, Charles-Martel et Pepin, son fils, aimoient aussi le séjour de cette capitale, qui fut cependant abandonnée par plusieurs monarques depuis Pepin jusqu'à Hugues Capet.

Ce fut alors que les faubourgs de Paris, qui avoient commencé à s'étendre sous la domination des Romains, s'accrurent et se multiplièrent considérablement. Les bourgades formées par les abbayes de Saint-Vincent (qui fut ensuite Saint - Germain-des-Prés), de Saint-Germain - l'Auxerrois, de Sainte-Geneviève et de Saint-Laurent, qui d'abord étoient éloignées de la ville et séparées les unes des autres, devinrent peu à peu des accroissemens de ces faubourgs. Ils furent souvent exposés aux ravages des Normands, qui, profitant de l'absence des rois de la première race, dont plusieurs ont très-peu séjourné à Paris, tentèrent plus d'une fois de s'emparer de cette ville (1).

Il paroît constant que sous Hugues Capet et ses successeurs, Paris étoit augmenté au Nord d'une nouvelle ville, ceinte comme l'ancienne de murs avec des Tours et des Bastions de distance à autre; l'un des angles de cette clôture, qui avoit la forme d'un demi-cercle, aboutissoit à la descente du pont au Change; l'autre au-dessous de la Grève, près Saint-Gervais : on ne sait pas précisément l'époque à laquelle elle fut faite.

La troisième clôture de Paris, en comptant celle que fit faire Jules-César, eut lieu sous le règne de Philippe-Auguste

______

(1) Saint-Foix (*Essais Hist.* tome 1, *pag.* 9), prétend, contre l'autorité d'Ammien Marcellin et contre toute vraisemblance, que du temps de Julien les faubourgs de Paris n'existoient pas encore, et que vers la fin de la seconde race, cette Ville étoit aussi resserrée que du tems de Jules-César.

qui porta jusqu'à la passion la gloire de sa Capitale. Lorsque ce prince parvint au trône l'an 1180, cette ville étoit composée de déux parties, l'une qui étoit l'ancienne et qui retint le nom de Cité; l'autre nouvellement bâtie au nord, sur le bord de la rivière, et qui fut nommée la Ville : il y avoit en outre cinq îles, deux au levant, qui sont aujourd'hui les îles Louviers et Saint-Louis; deux au couchant, qui, par leur réunion à l'endroit où est la place Dauphine, ont formé l'île du Palais, et enfin celle des Cygnes, qui depuis quelques années se trouve réunie au rivage. Dans les environs de la ville étoient un Faubourg, un Palais, quelques Eglises et huit Bourgs, séparés les uns des autres par des terreins couverts de vignes, de prés, de terres labourables et de jardins.

Philippe-Auguste ayant résolu de donner à la Capitale une enceinte beaucoup plus étendue, en y renfermant toutes ces parties éparses, commença dès l'an 1184 à en faire paver les rues. Le voyage d'outre-mer qu'il se proposoit d'entreprendre lui fournit l'occasion d'engager les Parisiens à se charger de cette clôture pour leur propre sûreté; et pour les décider, il contribua à cette dépense par l'abandon de divers droits et péages qu'il aliéna à la ville, et dont elle a joui jusqu'en 1638 : ce travail fut donc commencé en l'an 1190, et ne fut achevé qu'en 1211. Cette Clôture que les anciens historiens et même quelques modernes ont voulu faire regarder comme la première de Paris, commençoit du côté gauche de la ville au quai Saint-Bernard, passoit derrière Sainte-Geneviève, l'église Saint-Jacques (les Jacobins), et venoit aboutir au bord de la rivière où se trouve le collège des Quatre-Nations. Du côté droit elle commençoit au bord de la Seine, un peu au-dessous de l'église Saint-Paul, et renfermant dans son trajet les bourgs Thiboust, Beaubourg, partie du bourg l'Abbé et ceux de Saint-Germain-l'Auxerrois , elle venoit se terminer à la Seine par le Louvre qu'elle laissoit en dehors (1).

Lorsque Philippe-Auguste fit commencer la Nouvelle Enceinte de Paris , les alentours des faubourgs Saint-Victor , Saint-Jacques , Saint-Michel et autres , étoient divisés en différens Clos. Le plus célèbre de tous étoit celui des Mureaux (2) , qui s'étendoit vers Notre-Dame-des-Champs (les Carmelites) , et le lieu où depuis fut fondée l'abbaye de Port-Royal (rue de la Bourbe). Ce Clos fut appelé Franc , des exemptions dont jouissoient ceux qui l'habitoient.

En 1288 , le Clos de Saint-Etienne-des-Grès étoit encore

(1) Saint-Foix , en parlant de l'Enceinte de la nouvelle Ville bâtie sur la rive droite de la Seine , dit que bien loin d'être un ouvrage des Romains , elle n'existoit pas en 886. Il s'appuie d'un passage d'Abbon , qui écrivoit à cette époque , et qui parle du Bourg Saint-Germain-l'Auxerrois , comme existant alors. Saint-Foix en conclut que le Bourg étant suivant Ménage un endroit séparé de la Ville , tandis que le Faubourg y tenoit , la muraille rapportée par de la Marre n'étoit pas encore construite , et n'a pû être commencée que vers le neuvième siècle. *(Essais Hist. tome 1 , pag. 9.)* De la Marre et Dom Félibien ont été d'un avis contraire , et attribuent cette Enceinte aux Romains. (Voyez le deuxième plan du *Traité de la Police* , et *l'Histoire de Paris*). Quant à l'Enceinte faite sous Philippe-Auguste , et qui avoit quinze portes principales , huit au nord et sept au midi , on en trouve une description détaillée dans Saint-Foix , tome 1 , pag. 18 et suiv.

Hugues Capet fut couronné en 987. Il est difficile de croire , comme le dit encore Saint-Foix , qu'à cette époque Paris fût renfermé dans la Cité , et que les terrains depuis l'Arsenal jusqu'aux Tuileries , n'offrissent que des restes de bois et de marécages , des haies , des fossés et quelques cultures , avec quatre à cinq Bourgs plus ou moins éloignés les uns des autres. Il ajoute que , du côté du midi , il n'y avoit que quelques maisons éparses sur le bord de la rivière , et dans les vignes qui couvroient la montagne Sainte-Geneviève , sans aucune autre construction. (Voy. Caylus *Rec. d'Antiq.* , *tome 2 , pag.* 307.)

(2) *Histoire de Paris,* par Dom Félibien , tome 1. *Description de Paris,* par Piganiol de la Force.

planté de vignes ainsi que les environs de la rue des Vignes,
aboutissant à celles des Postes.

Le Clos aux Bourgeois et celui des Jacobins étoient au commencement du faubourg Saint-Michel, et de part et d'autre
de la rue d'Enfer; le premier descendoit jusqu'au faubourg
Saint-Germain; on a construit sur son emplacement les maisons de la place Saint-Michel et d'une partie de la rue d'Enfer;
le pavé du palais d'Orléans (du Sénat), c'est-à-dire tout le
pavé de la rue Vaugirard et de la place de l'Odéon, fut aussi
établi sur les terreins qui faisoient partie de ce Clos.

En 1343, il se nommoit Clos Vigneron ou Vignerei, et en
1431, Clos Saint-Sulpice; il a été en grande partie renfermé
dans les Jardins du Luxembourg : c'étoit au bas de ce Clos que
passoit d'un côté le chemin d'Issy, et de l'autre celui qui conduisoit au château de Vauvert, où s'établirent ensuite les
Chartreux.

En 1356, les guerres avec les Anglais forcèrent à prendre
de nouvelles mesures pour la sûreté de la Capitale, et il fut
décidé qu'on l'entoureroit de Fossés et de Contre-fossés; cependant on se borna, du côté du midi, à creuser des Fossés au
pied de l'ancienne Clôture, et on ruina les Faubourgs qui se
trouvoient au - delà, pour empêcher les ennemis de s'y
établir (1).

On renferma au contraire, du côté de la ville, les Faubourgs
dans l'enceinte des Fortifications, et cette quatrième Clôture
de Paris, entreprise en 1367 sous la régence de Charles V,
fut achevée sous Charles VI : elle commençoit où l'Arsenal est
aujourd'hui, continuoit par les portes Saint-Antoine, Saint-
Martin, Saint-Denis, la place des Victoires, le Palais-Royal et

____

(1) Voyez la *Description de Paris*, par Piganiol, tome 1, pag. 22.

les Quinze-Vingts, et aboutissoit à la Seine au bout de la rue Saint-Nicaise (1).

Depuis le règne de Charles VI jusqu'à François Ier., Paris ne s'étendit guère au-delà de cette dernière Clôture. Les ravages qui furent faits dans les environs de cette ville sous Charles VI et Charles VII, l'absence de Louis XI et de Charles VIII, qui résidèrent presque toujours auprès de Tours, enfin la brièveté du règne de Louis XII, ne permirent pas à ces princes d'ajouter à l'étendue et à la sûreté de la Capitale.

C'est du règne de François Ier., appelé à juste titre le Restaurateur des Lettres et des Arts, que date leur renaissance; ils étoient restés jusqu'alors entièrement assoupis et dégradés (1). Ce Prince conçut le projet d'orner et d'embellir Paris, et il y réussit; ce fut par ses soins que cette Ville prit une face plus régulière; grand nombre de Rues y furent percées, et plusieurs grands Edifices construits tant au dedans qu'au dehors.

La passion de bâtir devint alors si grande, que le roi Henri II se crut obligé de la réprimer par un édit du mois de novembre 1549. Charles IX voulut néanmoins aggrandir encore l'Enceinte de Paris; cette nouvelle Clôture devoit renfermer le Faubourg Saint-Honoré, et ce Prince en posa la première pierre le 11 juillet 1566; elle devoit être formée d'une Fortification régulière, flanquée de Bastions et bordée de Fossés profonds, comme on les voyoit dans ces derniers tems derrière l'Arsenal.

(1) Les changemens faits dans ce dernier quartier depuis quelques années, m'obligent d'expliquer ici que les Quinze-Vingts étoient en face du Théâtre du Vaudeville jusqu'à la rue Marceau, et que la rue Saint-Nicaise s'étendoit jusqu'à la Seine.

(2) François Ier. fut sacré en 1514, et mourut en 1547, âgé de 53 ans.

Les troubles de la ligue empêchèrent Henri III de continuer ces travaux, et lorsqu'Henri IV entra dans Paris, cette ville étoit dans un état déplorable, par suite du siége qu'elle avoit essuyé. Il y avoit encore dans l'intérieur plusieurs places vagues et inhabitées ; on y voyoit des moulins à vent, des prés, des vignes et des terres labourables. Les dehors, et surtout les faubourgs Saint-Germain, Saint-Jacques et Saint-Marcel se ressentoient des ravages qu'ils avoient soufferts pendant le siége. Mais sous le règne de ce bon Roi, Paris reprit une splendeur qui augmenta sous les successeurs de ce Prince, et parvint successivement au point où nous le voyons aujourd'hui.

Sous Louis XIII, et principalement sous Louis XIV, des embellissemens nombreux et des monumens magnifiques firent de Paris, l'une des plus belles villes du Monde. Ce fut d'après un Édit du mois d'avril 1672, que de nouvelles bornes furent plantées à l'extrémité des faubourgs pour en marquer l'enceinte, avec défense de bâtir au delà (1). Ce fut aussi à cette époque que le quartier du Luxembourg se trouva renfermé dans la ville avec les faubourgs Saint-Germain, Saint-Jacques et autres.

Les arts avoient eu avant cette époque plusieurs momens d'éclat ; les Tuileries, le Louvre et le Luxembourg attestoient déjà les talens des Delorme, Lescot, Jean Goujon et Debrosse ; mais sous Louis XIV les arts firent de nouveaux progrès ; le goût que montra pour eux le ministre Colbert, et la protection qu'il accorda à ceux qui les culti-

____

(1) Louis XIII avoit rendu, le 15 janvier 1638, un arrêt dans son conseil, qui ordonnoit de placer des bornes en différens endroits, avec défense de bâtir au-delà ; mais ces dispositions furent transgressées : ce qui donna lieu sous Louis XIV au nouvel arrêt dont il est question.

voient , contribuèrent beaucoup à rendre cette seconde époque plus brillante que la première ; on vit disparoître les murs , les courtines et les bastions ; les portes furent démolies et les fossés comblés. On vit s'élever des arcs de triomphe et des édifices somptueux ; des ponts furent construits, des places publiques ouvertes, de nouvelles rues percées et bâties ; enfin, des promenades agréables remplacèrent les anciennes fortifications. Les monumens les plus remarquables de ce temps là sont : les Boulevards , le jardin des Tuileries , la place Vendôme et celle des Victoires ; les portes Saint - Denis et Saint - Martin , le pont Royal, la magnifique colonade du Louvre, l'hôtel des Invalides , le Val-de-Grâce et l'Observatoire. Cependant , sur la fin du règne de Louis XIV, l'architecture sembla décliner, et parut enfin s'assoupir tout à fait dans les commencemens du règne de Louis XV. On remarqua seulement à cette époque, comme sous Henri II, Louis XIII et Louis XIV, une passion désordonnée de bâtir. Elle donna lieu en 1727 à une Déclaration du Roi , qui arrêta l'accroissement effrayant de la Capitale. On voyoit encore au commencement de la révolution, quelques - unes des bornes qui furent plantées par suite de cette Déclaration.

Ce ne fut que vers l'an 1732, que le Génie des arts parut se réveiller. On vit alors s'élever le portail de Saint Sulpice, remarquable par la belle ordonnance de son architecture d'ordre dorique. Peu après, et successivement, plusieurs beaux édifices décorèrent encore la capitale. Souflot éleva le

(1) Ce goût excessif des constructions avoit sa principale source dans la défiance qu'inspiroit alors l'émission des Billets de Banque, et qui fut justifiée par leur chute. Nous avons vu de nos jours la même cause produire le même effet.

Panthéon, et d'autres architectes distingués firent construire l'école Militaire, l'hôtel des Monnoies, le théâtre de l'Odéon, l'église de Saint Philippe du Roule et le Garde-Meuble. On donna en même temps à la place de la Concorde (ci-devant Louis XV), la forme et l'étendue qu'elle a aujourd'hui.

Paris éprouva peu de changemens favorables sous le règne de Louis XVI. On fit en 1787, sous le ministère de Calonne, construire les énormes barrières qui coupent, à l'issue de chaque faubourg, la muraille dont la Capitale fut entourée; ces constructions furent faites pour prévenir la fraude, et à la demande des fermiers généraux. Les principaux monumens de ce règne sont : l'École de Médecine, le Palais de Justice, le Pont de la Concorde (ci-devant Louis XVI), et l'Église de la Magdeleine, qui n'a point été achevée. Ce fut aussi à cette époque que la chaussée d'Antin se couvrit d'édifices; il n'y a guère que 30 à 40 ans que ce quartier étoit infecté par des marais, et que l'on commença à élever les terreins, et à y construire.

La révolution commença, et depuis 1789 jusques à l'an 8, les convulsions politiques, les changemens de gouvernement, et la disparition successive des chefs de l'autorité, s'opposèrent à l'exécution des projets que quelques hommes à talent osèrent enfanter et produire dans ces temps de crise. D'un côté, l'exaltation, la cupidité et le caprice, détruisoient les églises, les palais, et d'autres grands édifices; et de l'autre, la défiance, les changemens de fortune, et sur-tout le discrédit du papier-monnoie, faisoient entasser des constructions sur tous les points de la Capitale; mais ces ouvrages peu solides, et rarement agréables, étoient presque tous marqués au coin du moment où ils étoient exécutés, et aucun ne sauroit marquer dans l'histoire de l'art.

Enfin, le 18 brumaire de l'an 8 arriva. Cette époque à jamais mémorable, fut le terme de toutes les conceptions indigestes qui, pendant près de dix années, avoient couvert la France de deuil et de terreur; depuis lors chaque instant a été marqué par de nouveaux bienfaits. Que de maux réparés et oubliés! que d'anciennes et respectables institutions rétablies! que d'éclat enfin et de prospérité, rendus à ce vaste empire, sorti de ses ruines à la voix d'un Héros! Depuis que le grand Napoléon règne sur la France, il n'est presque pas un point de cette Capitale immense, où l'œil étonné ne rencontre et n'admire quelqu'heureuse métamorphose. Il seroit difficile d'énumérer tous les changemens utiles qui se sont faits depuis quelques années. Le quartier des Tuileries en offre lui seul un grand nombre, et on commence à entrevoir l'immense étendue que la place du Carrousel doit acquérir par la démolition des maisons qui découvriront le Louvre. Les quais Bonaparte et Desaix sont achevés. Une caserne magnifique s'est élevée en moins de six mois; trois ponts ont été construits et un quatrième est commencé; le Louvre est presque restauré, le palais du Sénat est achevé; partout enfin des embellissemens et de nouvelles communications s'exécutent avec tant de rapidité, que l'on a de la peine à en suivre les progrès. Si tant de travaux ont été projetés et exécutés au milieu des nuages politiques et des guerres que les ennemis de la France lui ont suscitées, que ne doit-on pas attendre du génie qui tient les destinées de ce grand Empire, lorsqu'il remplacera par l'olivier les lauriers qui ceignent depuis si long-temps la tête de Napoléon! N'avoue-t-on pas, avec un enthousiame dont on ne sauroit se défendre, que l'admiration, la reconnoissance et l'amour deviennent des sentimens insuffisans pour s'acquitter envers

(45)

celui qui s'occupe si constamment du bonheur de ses peuples
et de la splendeur de sa Capitale?

Déjà l'homme incomparable qui règne sur la France a
laissé bien loin derrière lui, tous les modèles que lui présentoit l'histoire de tous les temps, de tous les peuples, et
de tous les pays ; Paris va de même surpasser en éclat et
en magnificence, tout ce qu'offrirent jamais les cités les plus
vastes et les plus opulentes. Nous y verrons revivre les beaux
siècles d'Athènes et de Rome, et la Capitale du grand, de
l'invincible NAPOLÉON deviendra la première ville du monde.
On pourra alors lui appliquer avec vérité ce qu'en disoit le
chancelier de l'Hôpital, dans un temps où elle étoit bien
éloignée du degré de splendeur auquel elle est parvenue
aujourd'hui.

Pace tuâ dictum sit, Romule, pace Quirites.
Vestrâ si quis adhùc Romanæ stirpis in urbe est,
Barbarico nondum pollutus sanguine sanguis,
Altior et cœlo, majorque. Lutetia Româ
Extollit caput, et reliquas supereminet urbes.

SUR LE PALAIS

DU SÉNAT,

SES DÉPENDANCES ET SES ENVIRONS.

LE Palais du Sénat, autrefois Palais d'Orléans (1), et communément appelé Luxembourg, fut d'abord une grande Maison avec Jardin, bâtie vers le milieu du XVe. siècle, par Robert de Harlay de Sancy. Cette Maison, adjugée à sa Veuve par un Arrêt de la Cour des Aides de 1564, y est qualifiée d'Hôtel, bâti de neuf. Le Duc de Pinei-Luxembourg en fit l'acquisition en 1583; et dans les années suivantes il l'augmenta d'un Pavillon appelé la Ferme-du-Bourg, et de plusieurs

(1) La plantation du jardin paroît avoir été commencée en 1613, ainsi que l'établissement des canaux qui devoient y conduire les eaux d'Arcueil et de Rongis. Louis XIII posa la première pierre du nouvel aqueduc, le 17 Juillet 1613; mais il ne fut entièrement achevé qu'en 1624. (*Voyez* de la Marre, *Traité de la Police;* Dom Félibien, *Histoire de Paris;* Sauval, Piganiol de la Force, et Jaillot.)

Il restoit encore de la première plantation de ce jardin, deux arbres énormes qui faisoient l'angle de la terrasse à droite du Palais. Ils furent abattus en l'an 12 et vendus 1000 francs. J'ai compté sur le tronc du plus gros de ces arbres, 145 couches annuelles; le surplus avoit disparu par le pressement que le temps avoit fait éprouver au centre.

maisons et héritages situés rue de Vaugirard et lieux environnans. Quelques Auteurs ont prétendu que cette maison
étoit en ruine lorsque le Duc de Luxembourg l'acheta ; ils
varient aussi sur la date de la vente qui en fut faite à Marie
de Médicis , veuve d'Henri IV et Mère de Louis XIII. Sauval
et Piganiol disent que cette vente se fit en septembre 1611 ,
et suivant Dom Félibien , ce fut en 1613. Jaillot fait dater
le contrat de vente du 2 avril 1612 , et en rapporte ainsi la
teneur : « Cet Hôtel consiste en trois Corps de Logis , Cour
» devant , autres Cours et Jardins derrière , tenant aux héri-
» tiers Pellerin , au Pavillon dit la Ferme-du-Bourg , et au
» Sieur Montherbu : de l'autre part , aux Terres naguères
» acquises par ledit Sieur de Luxembourg , et par-devant à la
» rue de Vaugirard; item , le Parc; item , une Maison devant
» l'Hôtel de Luxembourg , aboutissant sur les rues de Vaugi-
» rard , Garencière et du Fer-à-Cheval (des Fossoyeurs) ;
» item , 3 arpens 42 perches et demie , tenant à la muraille
» des Chartreux , etc. etc.... Ladite vente , faite moyennant
» la somme de 90,000 livres. »

L'année qui suivit cette acquisition , la Reine acheta 7 arpens et demi de la Ferme de l'Hôtel-Dieu ; elle y joignit en
juin 1613 , 25 arpens au lieu dit le Boulevard , et en 1614 ,
deux Jardins que lui vendit Antoine Arnaud , ayant 2400 toises
de superficie , et plusieurs autres parties de terres du Clos
Vignerei , des Chartreux et de différens particuliers.

La Reine avoit acheté cet Hôtel avec l'intention d'y faire
bâtir un Palais où elle fût logée plus commodément qu'au
Louvre. Ce fut Jacques Debrosse qu'elle choisit pour en être
l'Architecte , et on lui ordonna d'imiter , autant que les lieux
le permettroient , le dessin et la distribution du Palais Pitti ,
que le Grand-Duc occupoit alors à Florence. Debrosse se

conforma aux intentions de la Reine , et donna des projets et des dessins qui furent envoyés en Italie et à tous les Architectes renommés de l'Europe , pour avoir leurs observations et leurs idées sur cette construction : aussi cet Édifice est un de ceux qui ont le plus approché de la perfection ; sa régularité et son architecture qui le rendoient l'un des plus beaux du tems où il fut construit , ont fait oublier presque jusqu'à nos jours quelques défauts dans sa distribution (1).

On jetta les fondemens de ce Palais en 1615, et il fut fini quelques années après ; il devoit porter le nom de Médicis , mais la Reine en fit don à son second Fils , Gaston de France, Duc d'Orléans, qui lui donna le sien ; on s'est obstiné cependant à l'appeler Palais de Luxembourg , du nom de son premier propriétaire. Il fut délaissé pour moitié et moyennant 500,000 livres à Demoiselle Marie-Louise d'Orléans, Duchesse de Montpensier, et passa par transaction du 1er. mai 1672 , à Demoiselle Elisabeth d'Orléans , Duchesse de Guise et d'Alençon, qui le donna au Roi le 16 mai 1694. Depuis lors il a fait partie du Domaine Royal , et fut donné en appanage à l'époque de son mariage, à Monsieur , frère aîné de Louis XVI.

____

(1) Le Grand-Duc de Toscane étoit alors Cosme II de Médicis ; ce fut lui qui envoya à Paris la statue équestre en bronze d'Henri IV , faite par le fameux Jean de Boulogne. Ce Monument , le premier de ce genre qui fut élevé à la gloire de nos Rois dans la Capitale , fut placé sur le Pont-Neuf. Ce fut aussi le dernier qui y fut détruit après avoir échappé à la première effervescence de la révolution. L'espèce d'apothéose qu'avoit obtenue le Prince que ce Monument représentoit , dans ces premiers temps de désordre et de rage , ne put cependant le garantir de la destruction ; on recherchoit alors avec une fureur aveugle , pour l'anéantir , tout ce qui pouvoit rappeler la royauté. Que de pertes irréparables pour les arts , ont été dans tout l'Empire la suite de ce vandalisme ! On peut en voir encore les affreux effets dans les mutilations d'une grande partie des Monumens que M. Lenoir a rassemblés dans le Musée français.

Marie de Médicis fit venir à Paris le célèbre Rubens (1) pour peindre l'histoire de sa Vie, depuis sa naissance jusqu'à l'accommodement fait en 1620 à Angers, entre elle et son Fils. Ces Tableaux, an nombre de vingt-un, furent commencés en 1621, et finis en 1623; on a appelé cette suite le Poème de Rubens. Le peu de tems que ce grand Peintre employa à composer et à exécuter ces Tableaux, peut donner une idée de son érudition et de la fécondité de son imagination : le nombre de ses productions et la brièveté de sa carrière, laissent à peine concevoir comment il put trouver assez de tems pour composer et exécuter une aussi prodigieuse quantité de Tableaux, presque tous de la plus grande dimension ; remplir avec distinction plusieurs missions diplomatiques, et jouir de la société et de la considération que lui méritèrent son génie et l'étendue de ses connoissances.

Les Tableaux que Rubens fit pour Marie de Médicis, furent placés dans une Galerie qui occupoit, au premier étage, toute la longueur de l'aile gauche du Palais d'Orléans (c'est la même où ils sont aujourd'hui). Le plafond de cette Galerie étoit décoré de douze Sujets peints, représentant les Signes du Zodiaque ; ces Tableaux furent l'ouvrage de Jacques Jordaens, élève et

(1) Rubens naquit à Cologne, en 1577, et vécut 63 ans. Il demeura long-temps en Italie, où il se perfectionna dans l'art de la peinture, d'après les grands maîtres de cette école. Son goût pour son art, et les nombreux ouvrages sortis de son pinceau, ne l'empêchèrent pas de se livrer à la diplomatie. Parmi plusieurs missions dont il fut chargé, celle qui lui fit le plus d'honneur, fut l'ambassade que lui donna Philippe IV, Roi d'Espagne, pour traiter de la paix avec Charles Ier., Roi d'Angleterre; l'ayant conclue à la satisfaction de ces deux Princes, il fut comblé de biens et d'honneurs. Marié deux fois, il laissa de son second mariage un fils et une fille. Son érudition égaloit son génie, il parloit et écrivoit sept langues ; et ses productions prouvent mieux que tous les récits, l'inimitable talent qui l'a immortalisé.

ami de Rubens ; il étoit doué d'une imagination vive et brillante, et il aida à son Maître à peindre les Tableaux de la Vie
de Marie de Médicis. La description de cette Galerie a été faite
par Bellori, Dom Félibien, Moreau de Mautour et autres. Nat-
tier, de l'Académie de Peinture, en dirigea d'excellentes gravures, qui sont devenues rares (1). Ces Tableaux furent enlevés
pendant la Révolution, et placés au Musée central des Arts,
où ils furent exposés pendant quelque tems ; on les admire
maintenant avec plaisir dans leur premier local , où ils ont été
replacés dans le même ordre qu'autrefois (2).

Les Jardins du Palais d'Orléans , quoique vastes autrefois,
n'étoient pas, à beaucoup près, aussi agréables qu'aujourd'hui ;
ils s'étendoient sur la droite du Palais , jusqu'à la rue Notre-
Dame-des-Champs. On voit encore, rue de Vaugirard, en face
des Carmes , une Porte qui servoit d'entrée dans ces Jardins ;
toute cette partie de Terrein , depuis la rue de Madame, fut
aliénée à divers Particuliers par le dernier Propriétaire du
Palais.

Les Jardins étoient autrefois tellement bornés en face de
l'Edifice , que le mur des Chartreux s'étendoit jusqu'au Bassin
octogone que l'on a détruit et qui se trouvoit très-rapproché
du Bâtiment. Ces Jardins ont toujours été ouverts au Public;

(1) On grave en ce moment de nouveau, cette belle Collection , avec un texte
historique , pour faire suite aux Galeries de Florence et du Palais-Royal. La
première livraison de cet ouvrage est en vente depuis le mois d'octobre 1806.
MM. Robillard-Peronville et Laurent, éditeurs du Musée français, viennent
aussi de faire graver la vie de Saint-Bruno , par le Sueur.

(2) M. Naigeon l'aîné, Peintre et Conservateur de la Galerie de Peinture du
Sénat, a publié en l'an 12 une Notice détaillée de tous les ouvrages de Peinture
et de Sculpture qui y sont exposés ; il a lui-même travaillé à la décoration de
cette Galerie; c'est lui qui a peint le Bas-relief que l'on voit au-dessus de la
Porte qui conduit à la Galerie de le Sueur.

plusieurs Propriétaires des Maisons de la rue d'Enfer, avoient même obtenu la permission d'y ouvrir des portes d'entrée, et ce n'est que depuis que le Sénat a été en possession du Palais qu'elles ont été tout à fait condamnées.

En entrant dans les Jardins du Sénat par la Cour des Fontaines, on voit à gauche, au bout de l'allée, une belle Fontaine appelée Grotte de Médicis; c'est encore un Ouvrage de Debrosse, Architecte du Palais, qui mérite d'être remarqué. Les Figures du Rhin et de la Seine qui décorent la partie supérieure de cette Fontaine sont d'une belle exécution. On a placé sur un Rocher, dans la niche du milieu, une Nymphe ou plutôt Vénus sortant du Bain ; l'eau coule par filets dans un bassin d'où elle se répand dans des conduits souterreins. Ce Monument vient d'être parfaitement restauré par les soins de M. Chalgrin, Membre de l'Institut, et Architecte de ce Palais depuis longues années : on doit à cet Artiste distingué(1) des restaurations plus importantes et des embellissemens considérables, exécutés d'après ses plans et sous sa direction dans le Palais du Sénat : c'est encore d'après ses dessins que la nouvelle plantation des Jardins a été faite. Je crois pouvoir placer ici une courte description de ce bel Edifice, ainsi que quelques détails sur les changemens qui viennent d'y être faits ou qui sont à la veille de s'exécuter.

On est convenu généralement que le Palais du Sénat est un des plus réguliers et des plus parfaits que l'on connoisse, quoiqu'on ait reproché à Debrosse, qui en fut l'architecte,

____

(1) M. Chalgrin est connu par plusieurs Ouvrages remarquables, parmi lesquels on peut citer principalement l'Église de Saint-Philippe du Roule, et la belle Tour de Saint-Sulpice; c'est aussi sur ses dessins qu'ont été construites les Chapelles qui sont au-dessous des deux Tours. On lui doit encore l'Hôtel de la Vrillière, et le Château de Brunoy qui a été détruit depuis la Révolution.

de grands défauts dans sa distribution. On a observé que le Portail étoit trop étroit en proportion de la masse du bâtiment ; les Arcades des Portiques trop élevées pour leur largeur, et trop égayées pour la grosseur des Pilastres ; les deux pavillons du grand corps de bâtiment, du côté de la cour, trop pressés ; le Vestibule trop étroit, et enfin le Grand Escalier mal disposé.

La face qui donne sur la rue, est construite en terrasse ; elle fut élevée pour placer en face de la rue de Tournon, la principale avenue du palais, qui ne s'y trouvoit pas dans le grand corps de bâtiment. Au milieu de cette terrasse s'élève un pavillon orné d'architecture en ressault, avec deux ordres de colonnes l'un sur l'autre, le toscan et le dorique. Ce pavillon est couronné d'un dôme avec lanterne ; au pourtour sont placées différentes figures allégoriques ; et dans le dôme, une horloge du célèbre Lepaute ; la principale entrée est au-dessous de ce pavillon, et le passage en est orné de colonnes doriques, avec des niches entre deux. La sculpture et la ferrure de la grande porte qui vient d'être posée, méritent quelqu'attention ; en entrant sont, à droite et à gauche, des portiques percés de quatre arcades sur la rue, et quatre autres sur la cour.

Les pavillons qui sont à l'extrémité de la terrasse, sont joints au principal corps de bâtiment placé entre la cour et les jardins, par deux galeries plus basses que le reste de l'édifice, et soutenues chacune par neuf arcades : au milieu de ces arcades, on vient de construire de chaque côté, un avant-corps qui rompt l'ancienne monotonie de cette façade ; celui de la galerie droite sert d'entrée dans le porche du Grand Escalier ; celui de la gauche, sert de passage de dégagement par la cour des Fontaines ; ce changement est dû à M. Chalgrin.

La cour est vaste et carrée. Autrefois une terrasse garnie d'une balustrade, et à laquelle on montoit par plusieurs degrés, occupoit tout le devant du palais, elle a été remplacée par trois perrons qui ne coupent pas aussi fortement l'étendue de la cour, et sont plus agréables à l'œil.

Le principal corps du palais est au fond de la cour ; il est accompagné de quatre grands pavillons et d'un corps avancé dans le milieu, où se trouvent trois portes, l'une ceintrée et les deux autres carrées, conduisant toutes trois dans le vestibule, et les appartemens du rez-de-chaussée.

Les ordres dorique et toscan règnent dans tout l'intérieur du bâtiment, avec un attique au-dessus ; on a ajouté l'ionique aux quatre pavillons des angles, parce qu'ils sont plus élevés que le reste ; les entablemens qui sont au pourtour des combles, sont ornés d'une balustrade avec des pilastres qui en retiennent les travées ; cette balustrade règne tout autour du bâtiment. Les principales faces des pavillons sont couronnées par des frontons, dans lesquels sont des trophées sculptés ; dans celui du milieu est un bas-relief allégorique, exécuté du temps du directoire par M. Duret ; enfin, quatre grandes figures garnissent la corniche au-dessous de ce fronton.

La façade, du côté du jardin, présente trois corps avancés, au lieu de cinq qui se trouvent sur la cour. L'architecture est la même que dans le reste de l'édifice ; seulement on a supprimé dans le corps du milieu le dôme de l'ancienne chapelle. On a établi sur cette face un méridien, accompagné de six figures sculptées ; elles représentent la Paix, la Guerre, la Victoire, la Vigilance, la Force et le Secret : une balustrade en pierre, avec pilastres, entoure le bâtiment du côté du jardin, et des massifs y sont disposés sur la longueur de l'édifice, pour recevoir des groupes de sculpture, ce qui diminuera l'aridité de la perspective de cette façade.

Après avoir examiné l'extérieur du palais, il convient de revenir au portail d'arrivée, pour parcourir l'intérieur de l'édifice.

Le portique à gauche conduit à la galerie de peinture, dans laquelle le public entre aussi par la grille de la cour des Fontaines ; cette galerie occupe toute l'aile gauche du palais, et le pavillon qui est au bout de la terrasse à droite. On entre d'abord dans un vestibule destiné à l'exposition de quelques ouvrages modernes ; on passe de là dans la galerie de Rubens (1), puis dans celle de Lesueur. En entrant dans la grande galerie, on trouve, à droite, la terrasse, au milieu de laquelle est le pavillon dont j'ai déjà parlé, et dans lequel est une baigneuse en marbre, morceau de sculpture d'une exécution aussi facile qu'agréable (2).

Au bout de la terrasse on entre dans la galerie de Vernet, distribuée en plusieurs salles, dont la première renferme les

----

(1) On a joint dans cette Galerie, aux Tableaux de Rubens, quelques Ouvrages de grands Maîtres, tels que Raphaël, le Titien, le Poussin, Philippe de Champagne, Simon Vouet, Rembrandt, etc. On y voit aussi de beaux Tableaux de M. Vien et de M. David, deux des Chefs de l'École actuelle. Dans la Galerie de le Sueur, sont 24 Tableaux, dans lesquels ce savant Artiste, surnommé le Raphaël Français, a peint la vie de Saint-Bruno. En parlant de l'ancien Couvent des Chartreux, j'aurai occasion de revenir sur cette intéressante Collection, qui décoroit le petit Cloître de ce Monastère.

(2) Cette Statue est de M. Julien, Membre de l'ancienne Académie de Peinture et de Sculpture ; cet Artiste, aussi recommandable par ses talens que par la douceur de ses mœurs, et les qualités de son cœur, fut enlevé aux Arts vers la fin de l'an 12, au moment où il finissoit sa belle Statue du Poussin. Celle de la Fontaine, dont on voit le plâtre au Musée Français, étoit aussi son ouvrage.

Marines, peintes par M. Hüe, pour faire suite à celles de Vernet (1).

Dans la dernière salle est une croisée, de laquelle on jouit de la perspective du grand escalier, qui présente de là un point de vue aussi surprenant qu'agréable.

Le portique à droite conduit dans un vestibule spacieux, fermé par des portes vitrées de toute la hauteur de l'arc. Dans la première partie de ce vestibule et en face de l'escalier, est une statue d'orateur romain, en marbre, placée sur un piédestal carré ; dans la seconde partie, qui est d'ordre dorique, sont quatre colonnes, précédées de deux lisses avec des niches carrées, dans lesquelles sont aussi des statues de marbre. Sur chacune des parties profile l'entablement. En face des croisées qui sont au nombre de trois, sont de grands arcs pénétrant dans la voûte, et dans chacun desquels est une statue de marbre, placée sur un piédestal carré : au-dessus des deux lisses, la voûte est ornée de caissons alternativement ronds et carrés.

Après le vestibule se trouve un porche, auquel on monte par cinq marches ; il est voûté en pendentifs, sur plan carré, avec quatre Arcades ornées de caissons ; le Plafond de la Voûte est décoré de même, et dans les Caissons, des Rosaces sculptées forment un effet agréable à l'œil ; au-dessous est une petite Corniche ionique.

En face de la Croisée est la Statue du Général Kléber, assassiné en Égypte. L'instant que l'Artiste a choisi est celui où ce Général, saisi d'indignation à la lecture d'une Lettre de

---

(1) Le Plafond de la Galerie de Vernet a été peint par M. Berthelemy, Membre distingué de l'ancienne Académie ; la décoration de la voussure a été exécutée d'après les dessins de M. Chalgrin, et les Bas-reliefs, peints par M. le Sueur, d'après des sujets donnés par M. Berthelemy.

Lord Keith, convoque un Conseil de Guerre pour faire re-
jeter les conditions honteuses proposées à l'Armée par l'A-
miral Anglais. Au col du Sphynx, symbole de l'Égypte, est
suspendu l'instrument de mort, sous lequel est tombé le
brave Kléber (1).

Après le Porche est un vaste Palier, qui fait partie de la
grande cage de l'escalier, et auquel on arrive aussi par la
Cour ; en face de la Porte, et dans une grande niche à cul-
de-four, est la Statue du célèbre Vergniaud. Il est représenté
chez lui, debout et seulement couvert d'un manteau; le bas
des jambes et les pieds sont nuds ; l'attitude de ce grand
Orateur annonce un de ces beaux momens où, se livrant
au feu de son imagination et à l'exaltation de son courage, il
préparoit ces discours éloquens, qui firent sa réputation dans
l'Assemblée Nationale, mais qui ne purent le sauver de la
proscription (2).

Le grand Escalier est composé de quarante-huit marches (3);
il est partagé dans sa moitié par un Palier de repos, et décoré
à droite et à gauche, de huit Lions antiques. Le Soubassement
formant cage, est couronné par une Corniche à doubles mu-
tules, et au bas règne une Frise en pierre richement sculptée.
Elle est composée de Trépieds tenus par des Griffons, dont
les queues forment des enroulemens en feuilles d'Acanthe; ces

(1) Cette Statue est de M. Ramey, né à Dijon, et Élève de l'Académie de cette
ville ; sa hauteur, non compris la plinthe, est de 2 mètres 70 centimètres.
(8 pieds 6 pouces.)

(2) Cet Ouvrage est de M. Cartellier de Paris, et dans les mêmes proportions
que la Statue de Kléber. L'exécution de ces deux Figures, les fait distinguer de
toutes celles qui décorent le grand Escalier.

(3) Chaque marche est d'une seule pierre de 20 pieds 3 pouces de longueur,
sur 5 pouces 9 lignes de hauteur, et 15 pouces 6 lignes de largeur.

enroulemens s'entrelacent avec ceux que fournissent des Vases qui alternent avec les Griffons : l'exécution de cette Frise a été très-soignée, et elle est d'un grand effet.

L'Escalier est éclairé par dix Croisées carrées, cinq sur la Cour et cinq sur le Jardin. Sur chaque Trumeau entre les Croisées, sont deux Colonnes d'Ordre Ionique également espacées, avec Entablement décoré et complet, et Frise nue. On a placé au milieu de chaque Trumeau, sur un piédestal carré, l'une des Statues de quelques-uns des grands Hommes que la mort a moissonnés depuis la Révolution (1) ; en général ces Statues ne répondent pas à l'idée que l'on s'étoit faite des talens de ceux qui les ont exécutées ; plusieurs, à la vérité, ont été faites de tradition, et c'est déjà une grande difficulté à surmonter pour l'Artiste ; car il est difficile de rendre le jeu de la physionomie, et les habitudes de corps d'un homme que l'on n'a jamais vu : peut-être aussi le costume français ne prête-t-il pas à la grandeur et à la majesté des formes, et ces obstacles peuvent, jusqu'à un certain point, faire excuser la médiocrité de ces productions.

Sur la Corniche en face de l'Entrée des Salles et dans l'entrecolonnement, est une Croisée vitrée en glaces, au travers

---

(1) Sur la face de l'Escalier, à droite, en montant, sont les Statues du Général Caffarelli, par M. Corbet ; de Mirabeau, par M. Espercieux ; du Général Marceau, par M. Dumont ; et de Thouret, Membre de l'Assemblée Constituante, par M. Deseine.

Du côté gauche, sont celles de Chapelier, par M. Lorta ; du Général Dugommier, par M. le Sueur ; de Condorcet, par M. Petitot, et de Desaix, par M. Goix fils.

Barnave, par M. Beauvallet, et Joubert, par M. Stouf, sont placés au haut de l'Escalier du côté de la Galerie de Vernet ; Beauharnais, par M. Boichot, et le Général Hoche, par M. Dupasquier, de chaque côté de la porte qui conduit aux Salles des Séances du Sénat.

de laquelle on apperçoit l'intérieur de la Galerie de Vernet ; à droite et à gauche de cette Croisée , sont deux Entrecolonnemens moins espacés , dans lesquels sont placées des Statues ; le dessus de la Croisée est orné d'un Bas-relief sculpté, représentant Minerve couronnée par deux Génies ; la Déesse tient deux Cornes d'abondance renversées, et entrelacées de branches d'Olivier ; à ses pieds est la Tête de la Gorgone.

La décoration de la Porte d'entrée des Salles , qui se trouve en face de la Croisée dont je viens de parler , est en tout conforme à celle de la partie opposée. La Porte est dans l'entrecolonnement du milieu , et deux Statues sont placées dans ceux des côtés ; la Porte est à chambranle avec Corniche et Console sculptés ; au-dessus est répété le Bas-relief de la face opposée.

La Voûte arrondie en berceau , est ornée de caissons , avec de grandes Rosaces sculptées et fixées sur le fond par des chevilles en fer ; ces Rosaces, variées d'une manière agréable, sont interceptées de trois en trois par une Plate-Bande circulaire lisse.

Le Grand Escalier coupoit autrefois par le milieu le principal corps de bâtiment ; il avoit été ordonné par Marin de la Vallée, et conduit par Guillaume de Toulouse. La disposition de cet escalier étoit un des plus grands défauts de l'ancienne construction. Le nouveau est placé beaucoup plus convenablement, et présente un abord noble et majestueux, digne du premier Corps de l'État. Quelques personnes ont blâmé sa trop grande rapidité, à laquelle on a remédié par une rampe en bois, très-légère , et qui ne coupe pas, d'une manière désagréable, l'ensemble de cette belle construction.

La première Salle à laquelle conduit le Grand Escalier , est celle des Gardes; la Corniche est d'Ordre Ionique, avec Trigly-- phes et ronds; les Murs sont peints en granit; le Plafond en chêne et les Portes en bronze; l'Architecture des Portes et celle des Croisées est en bleu turquin. Sur les Panneaux en face de l'entrée sont deux Trophées d'armes richement composés et surmontés d'un Coq tenant un foudre entre ses pattes. Sur les Panneaux opposés sont des Boucliers avec des Épées en sautoir.

La seconde Pièce est destinée aux Garçons de salle; elle est peinte en marbres, vert antique, vert de mer, jaune de Sienne, et bleu turquin. A gauche en entrant, est une belle Statue d'Hercule (1) en marbre blanc; elle est placée sur un Piédestal de marbre, entre deux Colonnes de même matière. En face est la Statue d'Épaminondas, par M. Duret, et à droite en entrant, celle de Miltiade, par M. Boizot (2). Enfin, sur le Panneau qui fait face à la porte d'entrée, est une Statue de Persée en marbre blanc, placée dans une niche. L'architecture de cette Salle est d'Ordre Ionique.

La troisième Pièce est celle où se tiennent les Messagers d'État; elle est d'Odre Corinthien, décorée sur chacune de ses faces, d'une Niche carrée, avec entablement, surmontée d'un Trophée et d'un Buste antique. Dans la Niche qui fait face à l'entrée, est une Statue d'Harpocrate en marbre, ainsi que celle de la Prudence, qui est vis-à-vis la Porte de la Salle de Réunion. Sur les Panneaux, sont disposés de grands Cadres dorés, destinés à recevoir des tableaux. Le plafond est

____

(1) Ce bel ouvrage du Puget étoit autrefois dans le Château de Sceaux.

(2) Ces deux Statues n'ont pu être placées dans la Salle des Séances à laquelle elles étoient destinées, par les changemens qui y ont été faits, et non pas parce que ces productions auroient paru inférieures à celles qui sont actuellement dans cette Salle.

(61)

carré, avec compartimens ; au milieu, est un Ciel, et dans les
angles, des Trépieds avec des Enroulemens. Cette Salle, ainsi
que les deux précédentes, sont pavées en marbre noir et
blanc. Le Panneau en face et près de la fenêtre, s'ouvre pour
donner entrée dans la Salle des Généraux.

La Corniche de cette quatrième Pièce est simple; de grands
Cadres dorés en couvrent les Panneaux, et attendent aussi les
peintures dont ils doivent être ornés. Le meuble est de velours
vert, avec galon en or et bois doré. L'élégance du dessin et la
beauté de la ciselure des espagnolettes des Croisées, qui sont
en tout semblables à celles de la Salle des Messagers d'État,
méritent une attention particulière (1).

La Salle, dite de Réunion, suit celle des Messagers
d'État. On est frappé, en y entrant, de la richesse et de
l'élégance que présente l'ensemble de la décoration. Sa
forme est carrée, avec une partie circulaire à son entrée ;
cette partie est voûtée en cul de four, avec Rosaces et Caissons imitant le marbre blanc; le soubassement de la Salle
est peint en albâtre oriental, le corps au dessus en albâtre
fleuri, et la Corniche en blanc veiné. Ainsi que l'Architecture des cinq Portes, celle de la Salle est d'Ordre Corinthien,
avec une Frise très-riche. Trois Portes se trouvent dans la
partie circulaire; celle du milieu sert d'entrée, les deux autres
conduisent dans des Salles particulières. Ces Portes sont avec
Chambranles et Corniches à Frises riches, surmontées de
Frontons, avec des Bas-Reliefs sculptés par M. Boizot. D'autres
Bas-Reliefs, représentant des Aigles qui portent une couronne, décorent les Croisées ; le chiffre du Sénat est répété
dans différens endroits de la Salle et du Plafond. La peinture

(1) Ces Espagnolettes ont été exécutées d'après les dessins de M. Chalgrin.

(62)

de ce plafond (1) est d'un bel effet ; il représente les qualités
et les vertus qui font la force et la prospérité d'un Empire.
Aux Angles sont des Renommées, et plusieurs compartimens
du Plafond sont encore ornés de Bas-Reliefs peints.

En face de la Porte est un magnifique Cadre doré, dans
lequel doit être placé le Portrait de l'Empereur (2). Dans la
partie supérieure de ce Cadre, est l'Écusson Impérial, accompagné des deux figures de la Justice et de la Fortune, le tout
sculpté et doré; à droite de ce Cadre, est la porte qui conduit
à la Salle des Séances, et à gauche une fausse Porte symétrique.
Dans le ceintre du même côté, est un Bas-Relief peint, représentant la Bataille de Marengo (3). A gauche, entre les deux
Croisées, on a placé une glace que répète le tableau qui se
trouve en face. Ce tableau (4) représente l'avènement de
S. M. au Trône Impérial ; cette composition allégorique est
vaste et pompeuse, et l'ordre symétrique qui y règne, aide à
saisir son ensemble, et à le juger d'un coup-d'œil.

A la droite du Tableau, s'élève un Temple au fond duquel
on apperçoit un Trône vacant. La France seule, sur les marches du Sanctuaire, ayant entre les mains la Couronne Impériale, semble attendre impatiemment le Héros qui s'avance ;
il est sur un Char entouré des Vertus, et au-devant duquel
s'empressent les Génies des Arts et des Sciences. La Discorde,

(1) Le Plafond du milieu a été peint par M. Berthelemy; les Bas-reliefs, par
M. Lesueur ; et la peinture en décor, par M. Langlois.

(2) Ce Tableau, peint par M. Robert Lefebvre, a été exposé cette année au
Sallon.

(3) M. Callet, qui a peint ce Bas-relief, n'a pas rempli ce que l'on attendoit de
son talent. On reproche à ce Tableau d'être sans chaleur et sans effets, et de
présenter trop de confusion.

(4) Ce tableau peint par M. Regnault, l'un des Maîtres de l'École actuelle, a
3o pieds 8 pouces de longueur, sur 16 pieds 5 pouces de hauteur.

l'Hypocrisie et le Fanatisme politique demeurent terrassés à quelque distance derrière le Char. Dans le fond, à gauche, est une masse d'Architecture; la Renommée plane au-dessus de la tête du Monarque; à ses côtés sont debout la Victoire et la Prudence; la Justice et la Piété sont assises sur le devant du Char, et la Paix et l'Abondance conduisent à sa suite un Chœur de femmes qui répandent des fleurs et des parfums. Le Ciel est chargé de quelques nuages, ce qui fait une opposition bien entendue avec l'éclat surnaturel dont le Trône est environné.

Parmi les figures élégantes et peut-être trop gracieuses pour un sujet aussi grave, qui composent ce tableau, on remarque surtout la grace du mouvement d'une femme qui élève ses mains chargées de fleurs, et la finesse des traits de la figure de l'Abondance, et des enfans qui l'accompagnent.

Je ne me permettrai pas de juger ce bel ouvrage; je rapporterai seulement quelques observations qui ont été faites sur sa composition, dans laquelle on auroit désiré un peu plus de chaleur, et un peu moins de mollesse dans l'exécution. Les Monstres n'y sont pas conçus avec cette vigueur de traits caractéristiques que Rubens à peut-être seul saisis et exprimés convenablement. Mais en supposant ces remarques justes, on convient cependant que ces légères imperfections n'empêcheroient pas que l'ouvrage de M. Regnault ne soit un des chef-d'œuvres de l'École Moderne qui rappelle la peinture à son véritable but, celui de concourir à l'embellissement des grands édifices. Le talent avec lequel cette intéressante allégorie est conçue et exécutée, mérite des éloges d'autant plus justes, que son auteur a r'ouvert une carrière fermée depuis long-temps, et qu'il a en quelque sorte ressuscité un genre auquel la peinture devra toujours sa plus grande gloire.

De la Salle de Réunion, on entre dans celle des Séances, exécutée au centre du principal corps de bâtiment, pendant les années 11 et 12. Elle est au premier étage, et occupe l'emplacement de la Chapelle et du Grand Escalier qui ont été détruits. La construction de cette Salle est d'autant plus hardie, que pour lui donner les dimensions convenables, il a fallu démolir deux gros Murs de refends et poser des poutres armées en fer, pour empêcher l'écartement des Murs de la face, et soutenir le poids des Colonnes qui sont dans son enceinte.

La forme de cette Salle est un hémycicle de 75 pieds de diamètre, ayant une Porte à chaque extrémité. Au centre, du côté du Jardin, est une autre partie de même forme, opposée à la première et ayant 30 pieds de diamètre ; cette seconde partie est couronnée par une Voûte ornée de Caissons et de Rosaces, au-dessous de laquelle est le Trône impérial ; il est composé de six Cariatides de 7 pieds de proportion sur une Plinthe de 3 pieds, et surmontées d'un Chapiteau ; elles sont drapées à l'antique et tiennent des Couronnes de Laurier, de Chêne et d'Olivier. Ces Figures portent un Entablement circulaire, décoré intérieurement et extérieurement ; elles sont placées sur des piédestaux ronds, de Marbre bleu turquin.

Les Corniches sont composées de Moulures taillées, les Cymaises en feuilles d'eau et d'acanthe très-riches, et quart de rond en oves ; les Modillons sont d'Ordre Corinthien et alternent avec des Rosaces.

Les Frises, qui ont 5 pouces 2 lignes de hauteur, sont composées d'un Aigle tenant un Foudre et d'une Abeille, alternativement entourés d'une Couronne, formée de branches de Chêne et de Laurier.

Au-dessus de l'Entablement pendent des Guirlandes de Fleurs mêlées de Fruits, ayant chacune 2 pieds et demi de dévelop-

pement, sur environ 4 pouces de diamètre au centre; à chaque
retroussis des Guirlandes, est une Patère sculptée et une chute
en Fleurs et en Fruits.

Sur le devant de l'Impériale, et pour son couronnement,
sont placées les Armes de l'Empire, accompagnées, à droite et à
gauche, d'une Corne d'Abondance.

Toutes les parties du Trône qui viennent d'être décrites,
sont sculptées et dorées avec le plus grand soin.

Immédiatement au-dessous est le Siège impérial; il est de
forme antique, ayant un Dossier avec Frise et des Griffons
pour appui, le tout richement doré; l'étoffe est de velours cramoisi parsemé d'Abeilles d'or avec encadrement
brodé.

La Salle est décorée de vingt-six Colonnes d'Ordre Corinthien très-riches; elles sont en Marbre sérancolin, avec Bases,
Chapiteaux et Entablement de Marbre blanc veiné, et portées
sur un Stylobate de même matière que les Colonnes; ce Stylobate se trouve caché derrière l'Amphithéâtre par les Bureaux
des Sénateurs, qui remplissent l'Hémycicle : chaque Sénateur
est assis sur un siège en bois d'acajou, recouvert en Velours
bleu, et sur chaque ligne règne une Table étroite et demi-cir-
culaire aussi en acajou, dans laquelle est un Tiroir en face de
chacun des Sièges.

Les Entre-colonnemens qui se trouvent sur le diamètre de la
Salle et autour du Trône, sont remplis par des Statues de
grands Hommes de l'Antiquité, placées sur des piédestaux de
Marbre blanc veiné (1).

---

(1) A droite du trône sont les Statues d'Aristide, par M. Cartellier; de Léoni-
das, par M. Lemot; de Phocion, par M. Delaistre; de Démosthènes, par
M. Pajou; et de Camille, par M. Bridan. A gauche, se trouvent celles de Cin-
cinnatus, par M. Chaudet; de Périclès, par M. Masson; de Scipion, par M. Ra-

Les Colonnes qui sont dans le grand Hémicycle forment trois parties, ayant chacune trois entre-colonnemens qui se détachent sur un fond de jaune antique ; ils sont remplis par des Candélâbres et par quatre Trophées, composés de Drapeaux pris sur les Autrichiens et les Russes dans la mémorable Campagne de l'an XIV. Sur le panneau en face du Trône est gravée en lettres d'or, sur une Table de Marbre blanc, la Lettre paternelle que Sa Majesté adressa au Sénat en lui envoyant ces Drapeaux (1), et au même endroit se trouve une Tribune peu élevée, et qui pourroit être placée d'une manière plus avantageuse ; car dans sa disposition actuelle, la majeure partie des Sénateurs, lorsqu'ils sont assis, tournent le dos à l'Orateur. Dans les deux Latérales sont des Tribunes pour les Ambassadeurs, les Généraux et autres Personnes qui, dans quelques circonstances, sont invitées à assister aux Séances du Sénat.

Au-dessus de ces Tribunes et sur l'Entablement, commencent trois grands Arcs formant voûtes en plafond ; ils renferment trois Bas-Reliefs peints (2) ; celui du milieu représente la Sagesse, la Tolérance et la Modération ; à droite du Trône sont l'Eloquence, la Vérité et la Prudence ; à gauche, la Valeur guerrière, la Force et la Clémence ; sur chacune des Archivoltes de ces Arcs sont appuyées deux Victoires, portant

mey ; de Caton d'Utique, par M. Glodion ; et de Lycurgue, par M. Foucou. En face du trône, et de chaque côté de la tribune, on a placé les Statues de Solon, par M. Roland ; et de Cicéron, par M. Houdon.

(1) Le Sénat a voté, à l'époque où S. M. lui fit cet honorable présent, l'érection d'une Statue qui sera placée dans cette Salle. On exécute aussi dans ce moment les bustes de tous les Sénateurs morts depuis la création du Sénat, et qui décoreront les Salles qui conduisent à celle des Séances.

(2) Ces Bas-reliefs ont été peints par M. Le Sueur.

d'une main la palme et de l'autre une couronne. Entre ces Arcs sont six grandes Figures peintes; elles représentent Minerve, le Gouvernement, l'Industrie, la Force, la Justice et l'Abondance. Le reste de la Voûte est couvert de Peintures en décor, terminées par une Guirlande de Fleurs et de Fruits; cette Guirlande encadre l'ouverture circulaire qui se trouve au-dessus du Trône et qui éclaire la Salle.

De chaque côté de l'Archi-volte qui arrête le ceintre de la Voûte, au-dessus du Trône, sont deux grands Bas-Reliefs peints (1). L'un représente Hercule se reposant sur sa massue, après avoir triomphé des ennemis d'un Gouvernement juste et fort ; il foule aux pieds les Vices , et porte avec satisfaction ses regards vers le Tribunal où siègent la Justice, la Prudence, la Sagesse et le Secret.

Dans l'autre sujet, la France assise sur des Trophées, accueille la Divinité qui préside à la Paix. Près d'elle est le Génie tutélaire qui veille à sa prospérité; elle est environnée par l'Abondance, le Commerce, les Sciences, les Lettres et les Arts.

Derrière la Salle des Séances sont diverses pièces destinées à des Bureaux et aux Commissions Sénatoriales : on devoit établir dans la partie qui communique de la Salle des Séances à la Galerie de Peinture , une Bibliothèque et un Cabinet de Médailles ; mais cette portion du Palais n'est pas achevée, et la destination en est demeurée incertaine.

Au-dessus des Salles, et dans le comble, est une Galerie qui règne sur toute la longueur du Bâtiment; elle est éclairée par en haut, et disposée pour recevoir les Archives du Sénat.

---

(1) Ces deux Bas-reliefs font honneur à M. Meynier , par leur composition, qui est grande et savante, et par leur exécution qui est une nouvelle preuve du talent de cet Artiste, déjà connu par des Tableaux d'histoire exposés dans les derniers Sallons.

M. Chalgrin, Architecte de ce Palais depuis plus de trente ans, en avoit apprécié les beautés en homme de l'art et en connoisseur. Plusieurs années avant la Révolution, il avoit conçu le projet de sa restauration, et dressé des Plans qui d'abord furent agréés, et ensuite abandonnés. Ce ne fut que vers la fin de l'an IV, lorsqu'il fut décidé que le Directoire Exécutif habiteroit ce Palais, que les Projets de M. Chalgrin furent reproduits. Les Travaux furent aussitôt commencés et poussés avec la plus grande activité pendant les années V et VI, et surtout dans le courant de l'an VII ; mais la destination de cet Edifice étant devenue incertaine après les évènemens du 18 Brumaire de l'an VIII, tout fut arrêté et suspendu de nouveau.

Enfin le Sénat conservateur en prit possession en l'an IX, et ce fut à cette époque que les Plans de sa restauration furent refondus et définitivement arrêtés. Les Travaux, si souvent commencés et interrompus, furent repris ; et depuis lors, ils n'ont pas cessé. Aussi cette restauration touche-t-elle à sa perfection, au moins quant à l'extérieur de l'Edifice ; il ne reste plus à terminer que la façade du côté de la Cour des Fontaines : on a aussi le projet de supprimer l'Orangerie qui est dans cette Cour, et de la transporter ailleurs.

Je passe, sans réflexions, sur l'emploi que l'on fit de cet Edifice dans des circonstances dont tout doit écarter aujourd'hui le souvenir ; je fais dater son nouvel éclat du jour où le Génie qui veilloit sur la France, ramena d'Italie le Général Bonaparte, la tête ceinte des premiers lauriers qu'il venoit d'y cueillir. Déjà les exploits de ce Héros avoient paru d'un présage si fortuné, que le Directoire exécutif crut devoir l'en féliciter publiquement, au nom de toute la Nation, et ce fut dans l'enceinte de ce Palais qu'il put jouir pour la première fois de l'allégresse et des applaudissemens du Peuple, dont il devoit bientôt changer et

aggrandir les destinées. Ce fut aussi dans ce Palais que Napoléon ,
après avoir, dans la journée du 18 Brumaire, terrassé le Colosse
anarchique, vint tracer les premières lignes des Actes répara-
teurs, qui, depuis ce jour mémorable, se sont succédé sans
interruption ; ce fut enfin dans ce même lieu , déjà consacré
par tant d'autres évènemens, qu'une grande Autorité, devenant
l'interprète de toute la Nation , vota le Consulat à vie et bientôt après le Gouvernement impérial héréditaire. Cette heureuse idée fixa pour toujours les destinées de la France. En
plaçant la Couronne impériale sur la tête auguste de Napoléon,
on ne pouvait rien ajouter à son élévation et à sa gloire : la
France ne travailla donc que pour elle-même en s'assurant,
d'une manière invariable, le bonheur et le repos, l'abondance
et la prospérité que le Génie de cet Homme incomparable avoit
ramenés dans son sein.

Le Palais du Sénat est devenu le Capitole français, et j'ose
placer, parmi ses titres, la Collection qui fait le sujet de cet
Ouvrage. On peut en effet regarder comme un hasard bien
singulier et bien extraordinaire que dans le moment où Sa
Majesté mûrissoit, dans le silence, toutes les grandes conceptions dont nous voyons chaque jour les heureux résultats, on
recueilloit dans sa Capitale des Monumens antiques que les
circonstances rendent encore plus curieux. On y remarque
surtout, dans une nombreuse Collection de Médailles , les
Images de quarante-sept Empereurs Romains, qui sembloient
se lever pour être témoins des Triomphes et applaudir à la
gloire de celui qui les a surpassés tous. Parmi les revers de ces
Médailles, se trouvent des types et des légendes qui offrent des
rapprochemens singuliers avec le moment où elles ont été
trouvées, comme le *Sæculum novum* de Philippe , etc. etc.
Mais ce que cette suite présente de plus intéressant, c'est

qu'elle commence à Jules-César et finit à Honorius; elle renferme par conséquent tout le tems que les·Romains ont occupé Paris, depuis leur invasion jusqu'à la décadence de l'Empire d'Occident. Jamais peut-être on ne récupéra des Monumens de l'Antiquité qui présentassent comme ceux-ci un intérêt attaché à des circonstances aussi favorables et aussi importantes.

Les Jardins du Sénat ont acquis, par les derniers changemens qui y ont été faits, toute la régularité qui leur manquoit. La symétrie en est bien ordonnée; mais pour en jouir complètement, il faut que les nouvelles Plantations de la Terrasse à gauche, ayent pris toute leur croissance; elles commencent déjà à donner de l'ombre, et, dans ce moment, c'est du milieu de cette Terrasse, près la Statue de la Vestale, que le point de vue du Jardin est le plus agréable; la perspective s'y trouve couronnée par les grands arbres de l'ancienne plantation, et on y jouit, d'un coup-d'œil, de toute la distribution des Jardins (1).

La belle Pépinière de Sceaux a été transportée dans l'emplacement de l'ancien Clos des Chartreux, par les soins et sous le ministère de M. le Sénateur Chaptal; elle a été plantée sur des alignemens analogues aux allées du Jardin, auquel elle semble appartenir, et avec lequel elle offre à l'œil un ensemble de près de cent arpens. Les arbres du Boulevard terminent la

---

(1) Les Jardins du Sénat ont été plantés et ordonnés d'après les dessins de M. Chalgrin, par M. Charpentier, qui en est aujourd'hui Jardinier en chef. Ils sont décorés de Vases de marbre et de grand nombre de Statues, parmi lesquelles se trouvent de bonnes copies des plus belles Antiques. On y remarque la Vénus de Médicis; Vénus Callipige; Amphitrite; Diane; Flore; Bacchus; Hébé; le Gladiateur combattant; un Silène que l'on croit antique, et plusieurs autres. On y distingue aussi, par la singularité de ses attributs, une Figure de la Vigilance, qui se trouve près de la Fontaine appelée *Grotte de Médicis*.

perspective. On travaille avec activité à la Chaussée qui conduira à la nouvelle Place de l'Observatoire, près de laquelle on a déja établi une Grille avec deux Pavillons, l'un pour le logement du Concierge, et l'autre pour un Corps - de-Garde ; dans peu on jouira tout-à-fait de cette Promenade, qui ouvre en même tems une communication utile et commode.

Je ne finirai pas cet Article sans dire encore un mot de M. Chalgrin, et sans applaudir au zèle infatigable avec lequel il a formé et mûri, dans le silence du cabinet, les Projets dont il a ensuite surveillé sans relâche l'exécution. Peu jaloux d'imiter ceux dont le principe est que pour réparer il faut détruire, cet Artiste estimable s'est attaché à corriger les défauts que l'on reprochoit à Debrosse; mais il s'est appliqué en même tems à conserver religieusement l'ensemble de son premier Ouvrage. Cette manière de voir fait l'éloge de son goût, et le grand œuvre de cette restauration qui touche de bien près à sa perfection, sera la récompense méritée de ses travaux et de ses soins (1).

A côté du Palais du Sénat est celui du Petit-Luxembourg, ou Petit-Bourbon ; il fut bâti par ordre du Cardinal de Richelieu, sur les dessins de Germain Bosfraud. Ce Prélat l'habita jusqu'à l'achèvement du Palais Cardinal (Palais Royal) qu'il faisoit construire ; il le donna ensuite à la Duchesse d'Aiguil-

(1) On a jugé convenable, pour donner une idée de cette restauration, de faire dresser un plan des Jardins, du Palais et de la Place projetée au commencement de la rue de Tournon. On peut comparer ce Plan avec celui qui se trouve dans Jaillot, et on reconnoîtra facilement les changemens qui y ont été faits ; on a aussi fait dessiner et graver avec soin les vues perspectives du Grand Escalier, de la Salle de Réunion et de celle des Séances, d'après lesquelles on pourra prendre une idée juste de la belle Ordonnance et de la Décoration de ces différentes parties du Palais du Sénat.

lon , sa nièce, et il passa après sa mort, à titre héréditaire, à Henri-Jules de Bourbon-Condé. Après lui, la Princesse Palatine de Bavière le choisit pour sa demeure ; elle y fit des réparations et augmentations considérables ; ce fut par son ordre que fut construit, de l'autre côté de la rue, un grand Hôtel pour loger ses Officiers ; elle y plaça ses Ecuries, et fit pratiquer un Passage souterrain qui communiquoit avec son Palais. Ce second Hôtel fut construit sur l'emplacement de la Maison qui fut vendue à Marie-de-Médicis par le Duc de Luxembourg , et dont il est fait mention dans la vente.

Le Petit-Luxembourg a été successivement occupé par des Princes ou Princesses de la Maison de Bourbon-Condé. Le Directoire Exécutif y tenoit ses Séances, et plusieurs de ses Membres y étoient logés. Le Sénat s'y est assemblé jusqu'au commencement de l'an XIII, et à cette époque on l'a réparé, et disposé pour recevoir le Grand Electeur à qui il appartient en ce moment. Il y a dans la Cour une Grille qui communique dans les Jardins du Sénat; ceux qui dépendent de ce petit Palais , sont agréables , mais très-resserrés et très-bornés.

Les Chartreux (dont les anciens Clos semblent faire aujourd'hui partie des Jardins du Sénat) furent fondés par St.-Bruno en 1086 ; leur premier Monastère fut établi près de Grenoble. Leur institut étoit déjà florissant, lorsqu'en 1257 (1) Saint-Louis écrivit à Dom Bernard de la Tour, Prieur de la Grande Chartreuse et troisième Général de l'Ordre, pour lui demander quelques-uns de ses Religieux ; son intention étoit de les établir à Paris. On lui envoya Dom Juan de Josserand, Prieur du Val-Sainte-Marie, Diocèse de Valence, avec quatre Reli-

(1) Dom Félibien , *Hist. de Paris, liv.* 8. Piganiol de la Force, tome 6, pag. 269, etc.

gieux : St.-Louis les accueillit avec bonté, et les envoya au Village
de Gentilly (1), à une lieue de Paris. Quelque tems après ils
demandèrent au Roi sa Maison de Vauvert ou Valvert (2), qualifiée de Palais, Château et Hôtel. Ce n'étoit véritablement
qu'une Maison bâtie par le Roi Robert, Fils et Successeur de
Huges Capet. Sa situation dans un lieu bas et entouré de marécages qui en rendoient le séjour mal-sain et dangereux, l'avoit
fait abandonner. Le Peuple, toujours avide du merveilleux,
attribuoit cet abandon au séjour que faisoient dans cette Maison de prétendus Esprits malins ; on assuroit même que ceux
qui osoient approcher de ce dangereux endroit, étoient tour-
mentés par les Démons qui se l'étoient approprié.

Saint-Louis accorda cet emplacement aux Chartreux qui s'y
établirent ; ils n'eurent d'abord d'autre Chapelle que celle de
l'Hôtel, qui depuis servit de Réfectoire. Le Roi leur donna
cette Maison avec ses appartenances et dépendances (3) telles
qu'il les tenoit lui-même. Ces Religieux bâtirent d'abord, à la

(1) On prétend que les auteurs ont placé mal à propos, en 1259, l'établissement des Chartreux à Paris. La Charte de Saint-Louis est en effet datée de
Melun, en mai 1259. Mais elle n'étoit qu'une confirmation du don que le Roi avoit
fait précédemment à l'Ordre. Les titres des Chartreux portent prise de possession, du 12 novembre 1257. Le grand Pastoral de Notre-Dame fait mention de
Lettres de l'Official, datées du mois de juin 1258, et dans lesquelles il est parlé
d'une cession de vignes faite au Prieur et aux frères de Valvert de l'Ordre des
Chartreux, par les huit Chanoines honoraires de Saint-Étienne-des-Grès.

(2) Suivant Dubreuil, page 424, ce fut immédiatement après leur arrivée à
Gentilly, que les Chartreux demandèrent au Roi sa maison de Valvert.

(3) Les Dépendances de cette maison n'étoient d'abord que de 8 arpens et
demi. Les Archives de Saint-Germain-des-Prés renfermoient les titres de plusieurs acquisitions faites par les Chartreux. Marie de Médicis fit un échange
avec eux, et leur donna des terrains vis-à-vis leur Monastère, de l'autre côté
du chemin d'Issy ; ce qui forma leur petit Clos. (Voy. Jaillot, 19 *Quart.* pag. 43
et suiv.)

hâte, quelques Cellules; leur grande Eglise ne fut commencée qu'à l'époque du second Voyage d'outre-mer de Saint-Louis en 1270. La mort de ce Prince interrompit cet ouvrage, qui n'étoit pas fort avancé; il fut repris en 1276, et n'étoit pas encore achevé en 1310. La Charpente ne fut posée qu'en 1324, et l'Eglise dédiée, le 26 Mai 1325, par Jean d'Aubigny, Évêque de Troyes, sous l'invocation de la Vierge et de Saint-Jean-Baptiste.

Le petit Cloître étoit orné de vingt-quatre Tableaux peints sur bois par le célèbre Le Sueur (1), surnommé le Raphaël de la France; il les fit par ordre de la Reine-mère (2), qui le chargea d'y peindre l'Histoire de Saint-Bruno, fondateur des Chartreux. Cet Ouvrage commencé en 1648, fut terminé dans l'espace de trois ans. Goulay, beau-frère et élève de Le Sueur, l'aida beaucoup dans cet immense travail; Patel en peignit les paysages, et les trois Frères Le Sueur y travaillèrent aussi. Après la mort de Le Sueur, des méchans excités, à ce que l'on a conjecturé, par une basse jalousie, raturèrent la plus belle partie de ces ouvrages précieux, ce qui engagea les Chartreux à les faire couvrir de volets fermant à clef : en 1774 on les transporta au Louvre, pour en décorer la Galerie; et on promit aux Chartreux de les dédommager de cette perte, en faisant reconstruire la Voûte de leur Eglise; mais cette promesse resta sans effet. Ces Tableaux furent enlevés de dessus bois et mis sur toile, et ce procédé, qui étoit encore imparfait, augmenta les dégradations de ces peintures; elles ne furent pas

(1) Eustache le Sueur naquit à Paris en 1617, et y mourut en 1655, âgé de 38 ans. Il étoit élève de Simon Vouet, et ne put aller en Italie achever d'étudier son Art. Il se forma en France d'après les Statues Antiques, et surtout d'après les Ouvrages de Raphaël, pour lequel il étoit passionné.

(2) Anne d'Autriche, veuve de Louis XIII.

mieux restaurées par les mains inhabiles auxquelles elles furent
ensuite confiées : cette belle Collection fut, depuis la Révolution, exposée au Musée central, et passa de là à Versailles;
enfin elle a été transportée dans la Galerie du Sénat, et restau-
rée avec le plus grand soin, par ordre de sa Commission admi-
nistrative.

On a reproché à Le Sueur de s'être soumis à une tradition
populaire et ridicule, pour en faire le Sujet de la Conversion
de Saint-Bruno. On prétendoit qu'elle avoit été la suite de
l'impression que fit sur lui la prétendue Résurrection d'un
Chanoine de Paris; ce qui parut si absurde à Urbain VIII,
qu'il fit supprimer le récit de cet évènement du Bréviaire
romain en 1631. (Il est retracé dans le Tableau exposé dans
la Galerie du Sénat, sous le N°. 53.)

Il y avoit dans la première cour du Monastère des Chartreux,
une Chapelle sous l'invocation de la Vierge et de Saint-Blaise,
pour recevoir les femmes qui ne pouvoient être admises dans
la grande Eglise placée dans l'intérieur du Couvent.

Louis XIII donna, en 1618, aux Chartreux une rue qui
séparoit le grand Clos du petit (1) ; il leur donna aussi un
chemin non pavé ni fréquenté, qui s'étendoit le long de leur
grand Clos.

Plusieurs Maisons furent bâties sur les terreins appartenant
aux Chartreux; la plus ancienne fut construite par Thierry de
Biancour, Doyen de Touls et Maître des Requêtes, qui s'y
retira ; il avoit fait faire le pavé depuis les Chartreux jusqu'à

____

(1) C'est l'avenue qui existe encore, et qui aboutit à la rue d'Enfer. Le chemin
dont il est aussi question, conduisoit à Issy. Il étoit placé dans un fonds humide,
et souvent impraticable, ce qui l'avoit fait abandonner. Louis XIII le donna
aux Chartreux, dès le mois de septembre 1617; mais ce don ne fut confirmé
qu'en février 1618, et il leur permit d'enfermer ce terrein dans leur Enclos.

la Porte Saint-Michel ; les Religieux le firent rétablir à leurs frais en 1504.

En 1706 et 1707, ils firent élever deux Maisons de bon goût, dont l'une est l'Hôtel de Vendôme ; la Duchesse de ce nom y fit faire, en 1716, des augmentations considérables.

Les premiers bienfaiteurs de la Chartreuse de Paris, furent, après Saint-Louis, Marie d'Issoudun, comtesse d'Eu ; Thibaud II, Roi de Navarre, gendre de Saint-Louis ; et Jeanne de Chatillon, épouse du comte d'Alençon, troisième fils de ce Prince. Plusieurs personnes distinguées y fondèrent, par la suite, de nouvelles places de Religieux, qui furent portées jusqu'au nombre de quarante, sans compter les frères.

Grand nombre de personnes de marque avoient leur sépulture dans l'Eglise des Chartreux et dans ses environs ; on y remarquoit celle de Jean de Dormans, cardinal, et celle de Guillaume de Dormans, son frère, tous deux Chanceliers de France ; celles de Philippe de Marigny, Evêque de Cambray, puis Archevêque de Sens ; de Pierre de Navarre, fils de Charles-le-Mauvais ; enfin celles de plusieurs autres Princes, Prélats et personnages de grande considération.

Après la suppression des Ordres religieux en France, le couvent des Chartreux fut désigné pour l'établissement d'un Atelier d'armes. L'indication en est restée et existe encore sur la porte de l'avenue, du côté de la rue d'Enfer. On se rappelle qu'un homme exalté ayant fait adopter l'extravagante proposition de faire fabriquer à Paris mille fusils par jour, la Capitale se couvrit tout-à-coup de Forges, de Magasins et d'Ateliers. On ne tira aucun avantage de ces Établissemens, qui ne produisirent que des armes dont on ne put faire usage, et qui jetèrent dans des dépenses incalculables : enfin l'abus cessa, les Fourneaux s'éteignirent, et l'emplacement des Chartreux fut abandonné comme tous ceux qui avoient servi au même emploi. On ne retira d'autre utilité de ces vastes terreins que le prix de la location des vergers, renommés depuis longues années par leur fertilité et l'excellence des fruits que l'on y recueilloit ; ce ne fut que long-tems après, et sous le ministère de M. le Sénateur Chaptal, que l'on s'occupa de rendre ces terreins à l'utilité et à la culture. On y fit démolir les Cloîtres et l'Eglise, ainsi que les Bâtimens environnans ; on commença la chaussée et on planta une belle Pépinière, dont une partie n'est pas encore achevée.

Il ne reste aujourd'hui des anciennes constructions des Chartreux, que le Réservoir qui se trouvoit au milieu du grand Cloître, et les deux Portes qui sont à chaque issue de l'avenue dé la rue d'Enfer. Il est vraisemblable que celle qui est voisine de la chaussée, sera démolie, ce qui laissera à découvert toute la partie gauche de la Pépinière, à laquelle on travaille en ce moment, et dont la plantation n'est pas encore commencée.

La rue d'Enfer, dont le côté droit borde le Jardin du Sénat, commence à la Place Saint-Michel, et aboutit à la grande route d'Orléans ; elle est très-ancienne et n'avoit pas autrefois la même direction qu'aujourd'hui. A quelque distance de la rue Saint-Dominique, elle se prolongeoit sur la droite, passoit entre la première et la seconde Cour des Chartreux, et séparoit le grand Clos du petit.

Cette rue portoit, au troisième Siècle, le nom de quelques Villages auxquels elle conduisoit ; on la trouvoit désignée dans les Titres de l'Abbaye Saint-Germain, sous ceux de *Chemin d'Issy*, *Chemin de Vanves*, *Rue ou Chemin de Vauvert;* et en 1258, *Rue de la Porte Gibart ;* elle a été aussi appelée *Rue des Chartreux*, *Rue Saint-Michel* et *du Faubourg Saint-Michel.* Quant au nom de rue d'Enfer qu'elle avoit eu anciennement et qu'elle a repris et conservé, les uns ont prétendu qu'il venoit du bruit populaire, qu'il y avoit des Démons au Château de Vauvert, auquel elle conduisoit; d'autres ont pensé, et cela paroît plus vraisemblable, que ce nom venoit de la situation de cette rue : celle du Faubourg St.-Jacques, à laquelle elle étoit parallèle, se nommoit *Via superior;* la rue d'Enfer, qui étoit plus basse, fut sans doute désignée sous la dénomination de *Via inferior, Via infera,* qui ensuite altérée, fut changée en celle de rue d'Enfer.

On y remarque encore l'Hôtel de Vendôme, bâti en 1706, par les Chartreux, ainsi que ceux qui suivent jusqu'à l'avenue. La Duchesse de Vendôme l'acheta à vie en 1716, et y fit de grands embellissemens; il fut ensuite occupé par le Duc de Chaulnes; la Princesse d'Anhalt vint l'habiter un peu avant 1773; elle obtint du Roi la permission de placer au bout du Jardin de cet Hôtel, une Grille qui communiquoit avec celui du Luxembourg. Le Jardin de l'Hôtel Vendôme étoit vaste et bien distribué; il y a quelques années qu'une partie du terrein de ce Jardin fut ajoutée à celui du Sénat; par des arrangemens plus récens, il a été diminué, de sorte qu'il ne reste plus qu'une Terrasse en face du Bâtiment, avec une pièce verte très-resserrée : cette acquisition a donné au Jardin du Sénat, l'étendue qui lui avoit toujours manqué en face du Palais; on a pris aussi une partie de celui de l'Hôtel Quatremer, qui appartient aujourd'hui au Sénat.

Vis-à-vis l'Hôtel de Vendôme, étoit autrefois une Tour carrée, appelée Tour Gaudron, et une Maison qui, en 1640, portoit encore ce nom; ce fut sur son emplacement que l'on construisit le petit Couvent des Feuillans, commencé en 1633, et dont l'Eglise ne fut bâtie que vingt-six ans après.

Dans la rue d'Enfer, vis-à-vis celle de la Bourbe, aboutit la rue Notre-Dame-des-Champs ; elle a pris son nom de l'Eglise à laquelle elle conduisoit, et où se sont établies les Carmelites : on retrouve la première situation de cette rue, dans le Plan de Saint-Victor, gravé par d'Heuland ; elle se nommoit aux XIV et XVe. Siècles, *Chemin herbu* et ensuite *Rue du Barc ;* elle est indiquée sous le nom de rue Notre-Dame, dans le Plan publié en 1692, par Defer, et c'est le premier où elle soit désignée comme rue.

La rue de Vaugirard, qui sépare celles du Regard et Notre-Dame-des-Champs, tire son nom du Village auquel elle conduit, et qui est appelé dans les anciens Titres *Valboitron* ou *Vauboitron ;* il se nommoit encore ainsi en 1256 ; mais Gérard de Moret, Abbé de Saint-Germain-des-Près, y ayant fait bâtir, à cette époque, une Maison avec Chapelle, pour ses Religieux convalescens, ce Village se nomma dès-lors *Valgérard* ou *Vaugérard,* et ensuite, par corruption, *Vaugirard.*

Les anciens Titres ne donnent à cette rue que le nom de chemin ; elle ne prit celui de rue qu'au XVIe. Siècle (1), lorsque les constructions s'y multiplièrent, et alors on l'appela rue des Vaches, de la Verrerie, et de Vaugirard, dite du Luxembourg ; elle n'eut sans doute ce dernier nom, qu'après l'acquisition que fit, en 1583, le Duc de Pinei-Luxembourg, de diverses Maisons et héritages qui y étoient situés.

La rue de Tournon qui sert d'avenue au Palais du Sénat, est une des plus belles de Paris. Ce n'étoit dans les premiers tems qu'une Ruelle, désignée comme toutes celles qui lui étoient parallèles, sous le nom de Ruelle de Saint-Sulpice. Elle fut aussi appelée rue du Champ de la Foire, parce que le champ où se vendoient les animaux, occupoit une grande partie

____

(1) Sauval, tome 1, page 166.

de l'espace qui se trouve entre les rues de Tournon et Garencière, et s'étendoit jusqu'à l'endroit où le Marché St.-Germain
est aujourd'hui.

Lorsque l'on commença de bâtir dans cette Ruelle, vers 1541,
elle prit le nom du Cardinal François de Tournon, alors Abbé de
St.-Germain-des-Prés. On voit dans les anciens Titres, qu'en 1580
plusieurs particuliers y obtinrent des concessions, à la charge
d'y construire : le principal Hôtel que l'on remarque dans cette
rue, est celui de Nivernois; il appartenoit, dans le principe,
au Maréchal d'Ancre; il fut pillé à sa mort, et confisqué au
profit du Roi. Louis XIII y logea quelque tems; il fut ensuite
affecté aux Ambassadeurs extraordinaires, et enfin cédé par
échange au Duc de Nivernois; il y avoit encore dans cette rue
les Hôtels de Ventadour et de Terrat; ce dernier fut depuis
l'Hôtel de Brancas.

En voyant cette belle rue, on regrette qu'elle se termine
si promptement, et si désagréablement à l'œil; il faudroit qu'elle
pût se prolonger jusqu'à la rue de Bussy, à laquelle elle pourroit aboutir sur la partie qui fait face à la rue de Seine; cette
communication directe avec le quai, seroit aussi utile qu'a-
gréable. Pour achever d'embellir les environs du Palais du
Sénat, il faudroit abattre les premières Maisons, à droite et à
gauche de la rue de Tournon, et y établir une place demi-cir-
culaire, d'une Architecture régulière. Le rétablissement du
Théâtre de l'Odéon, dont on s'occupe en ce moment, et dont
on espère que le Public jouira dans un an, ranimera en quelque sorte ce beau quartier, presque désert depuis l'incendie
de cet Edifice : c'est aux gens de l'art, dont plusieurs se sont
déjà occupés de ces embellissemens, à développer ces idées, et
à solliciter auprès de l'Autorité, l'adoption et l'exécution de
ces changemens.

(81)

J'ai passé rapidement en revue les différens états de Paris,
depuis la première invasion des Romains, jusqu'aux tems modernes où cette immense Capitale étoit déjà parvenue à un haut
degré de splendeur. Quoique les détails dans lesquels je suis
entré, se trouvent répétés avec plus ou moins de développement
dans une multitude d'Auteurs qui se sont attachés à faire des
recherches sur cette grande Ville, j'ai pensé qu'on les retrou-
veroit encore ici avec un nouvel intérêt; ils devoient d'ailleurs
naturellement précéder la Description des Monumens que le
sol de la Capitale m'a fournis : la difficulté d'y rencontrer
quelques restes de l'Antiquité, les rend véritablement importans; et si l'on considère l'espace resserré dans lequel ils ont été
recueillis, on regrettera bien davantage que l'exhaussement
prodigieux du sol ne permette pas de faire, à Paris, des fouilles
plus étendues ; on y découvriroit certainement de nouvelles
preuves de l'importance que les Romains ont attachée à la possession de cette Ville.

J'ai cru devoir aussi faire quelques recherches sur le Palais
du Sénat, l'un des édifices les plus remarquables et les plus
importans de la Capitale; j'ai parcouru rapidement ses dépendances et ses environs ; et dans ce court Historique, j'ai fait
observer que ce Palais, ainsi que tout ce qui en dépend, n'a
été renfermé dans l'enceinte de Paris que depuis très-peu de
tems : enfin, j'ai donné une idée de la construction et de l'état
actuel de cet édifice, ainsi que des changemens qui y ont été
faits et de ceux qui doivent terminer sa restauration. Il me
reste à faire la Description des Objets que j'ai recueillis dans les
Jardins de ce Palais.

Cette Description sera succincte, et je ne parlerai pas même
de tous les Objets contenus dans chaque Planche, la plupart
étant faciles à reconnoître à la simple inspection ; mais je

11

m'étendrai avec quelques détails sur la Poterie romaine, dont j'ai vu sortir de terre une prodigieuse quantité de fragmens ; cette Poterie qui se trouve communément partout où les Romains ont été, n'a pas encore fixé, comme elle l'auroit dû, l'attention des Savans ; on en a gravé un très-petit nombre de fragmens, et je desire que les foibles recherches que j'ai faites sur ce genre de Terre, engagent des personnes plus instruites que moi, à s'occuper plus particulièrement de sa composition et de son analyse.

ANTIQUITÉS

GAULOISES ET ROMAINES.

Avant que de commencer la description des objets d'Antiquité qui composent les Planches de cet ouvrage, il ne sera pas hors de propos de dire quelque chose des substances que les anciens ont employées dans les arts; elles sont en grand nombre, et des trois règnes; animales, végétales et minérales.

Les substances animales sont, les os, les dents, les cornes, les écailles de tortues, la turquoise, le corail et la cire.

Les substances végétales se bornent aux différentes espèces de bois qui ont anciennement servi dans les arts. Celles dont les auteurs font mention, sont: l'acanthe, le buis, le cèdre, le chêne, le citronier, le cyprès, l'ébène, l'érable, le figuier, le frêne, le hêtre, l'if, le micocoulier, le myrthe, l'olivier, le palmier, le poirier, le tilleul et la vigne (1).

(1) Pausanias (L. VIII, pag. 633, lig. 32). Théophraste, (*Hist. Plantar*. L. V). Et Pline, (L XVI. c. 40, sect. 78.) donnent les noms des bois que l'on employoit anciennement dans les ouvrages de sculpture ; savoir : le buis, le cèdre, le chêne, le cyprès, l'ébène, l'if, le micocoulier et la racine d'olivier. Horace parle du figuier, (L. I. Sat. 8. v. 1.) Properce fait mention de l'érable, (L. IV. éleg. 2, v. 59.) Il est question du hêtre dans l'*Anthologie*, (Epig. L. 1, cap. 68, num. 2, v. 1.) Théophraste parle du palmier, (L. IV, c. 4.) Pline nomme le myrthe, (L. XII. c. 1. Sect. 2.) Et la vigne, (L. XIV. c. 1. Sect. 2.) Pausanias

La facilité avec laquelle on peut travailler le bois , fait conjecturer que cette matière a été employée long-tems avant la pierre.

Les substances minérales, telles que les terres , les pierres et les métaux ont été d'un usage plus général que toutes les autres, et le tems nous en a conservé un grand nombre de monumens; tandis que ceux formés des substances animales et végétales, qui sont, la plupart, sujètes à se détruire, sont au contraire très-rares.

Les os, ont été employés à divers ouvrages; on se servoit surtout de ceux de chameau, et du tibia de cerf, dont on faisoit des flûtes. Pline dit que l'on scioit les os en lames pour les mettre en œuvre (1). On les employoit dans les ornemens des frises, et je possède un sphinx de cette matière, sculpté de demi-relief, qui paroît avoir fait partie d'un ouvrage de ce genre. Ces monumens sont rares (2).

On a fait aussi un usage très-fréquent des dents, principalement de celles d'éléphant. Les ouvrages en ivoire remontent aux tems les plus anciens, et l'art de le sculpter, de l'incruster et de le teindre, étoit déjà connu du tems d'Homère. Cette matière avoit été employée dans le temple de Salomon, et au trône de ce prince. Le coffre de Cypselus, l'un des plus anciens

---

parle du poirier , (L. II. c. 17. pag. 148.) Et Tertullien du tilleul , (de *Idol.* c. 7. num. 5.) Pline (L. XVI. c. 13.) dit que le frêne a été ennobli par les vers d'Homère et la lance d'Achille. (Voy. l'*Histoire de l'Art,* par Vinkelmann, t. 1. et les *Monumens Inédits* de M. Millin, tome 1. pag. 77.

(1) Pline, l. 8, c. 3, par. 4.

(2) Voy. l'*Histoire de l'Art*, par Vinkelmann, tome 1 , pag. 34. On trouve encore à la page 573, du même volume, une *Addition* faite par M. Heyne , et dans laquelle il traite savamment, et avec de grands détails, de l'ivoire et de l'usage que les anciens en ont fait dans les Monumens.

monumens de l'art, étoit de cèdre et d'ivoire ; on en faisoit aussi des statues, même d'un très-grand volume ; il est probable que pour employer l'ivoire dans ces sortes d'ouvrages, on le tailloit en cubes qui s'ajustoient les uns aux autres pour composer des masses que l'on travailloit ensuite, afin de leur donner les formes convenables. On s'en servoit pour les trônes, les lits, les chaises curules, les pieds de tables, freins de bride, sceptres, livres, jouets, plaques, épingles, et enfin dans une infinité de petits ouvrages trop longs à détailler ; on en formoit des roses et des pendentifs dans les plafonds des temples et des palais.

Ce furent les Phéniciens qui firent les premiers le commerce de l'ivoire. Les éléphans étant très-communs en Afrique, cette matière fut aussi un objet très-lucratif pour les Carthaginois.

Quoiqu'il soit certain que l'ivoire a été employé dans un grand nombre d'ouvrages, les monumens en sont cependant très-rares ; le peu que l'on en conserve est presque tout du Bas empire ; excepté des styles, des épingles, tessères, et quelques autres objets de petit volume, qui remontent à des tems plus anciens.

On peut attribuer le peu de durée de l'ivoire à ses qualités naturelles ; l'air commence par le jaunir, et finit par le dissoudre ; la chaleur le gerce, et il ne se conserve que dans un terrein sec, ou lorsque l'humidité l'a couvert d'une croûte qui empêche sa destruction.

Au défaut de l'ivoire on a quelquefois employé la dent d'Hyppopotame, et celle de Vache marine.

Les cornes servoient à faire des armes ; les écailles de tortue à faire des meubles et des bijoux.

Le corail, que l'on a regardé long-tems comme un *lytho-phite* (Pierre-Plante), et que l'on classe aujourd'hui parmi les

productions animales (Les Polypiers), avoit, suivant les anciens, de grandes propriétés. Ils en faisoient des amulettes,
et quantité d'autres ouvrages.

La cire servoit à modeler les statues, et à enduire les ouvrages de marbre, afin de les conserver.

Le bois étant une des substances les plus promptes à se
détruire, nous ne devons la conservation de quelques monumens, qu'à l'incorruptibilité des espèces de bois dont ils étoient
formés, le figuier-sycomore et le cèdre. Les Égyptiens faisoient
avec ces bois, les caisses de leurs momies, et de petites figures
dont plusieurs existent dans les cabinets.

Avant que l'on fît usage du marbre et de la pierre, et dans
les premiers tems de la sculpture, on a fait des statues de bois;
les bâtimens des anciens grecs en étaient également; et Polybe
dit que les palais des rois de Médie étaient de cette matière (1).

On en fit aussi par la suite des candélabres et d'autres meubles. Les principales statues en bois, dont les auteurs ont fait
mention, sont : le Palladium; le Jupiter d'Argos; la Statue de
l'Apollon de Delphes envoyée par les Crétois; et une Diane
d'ébène, des premiers tems de l'art. Il est encore question de
plusieurs autres, dont Vinkelmann a parlé dans son *Histoire
de l'Art.*, tom. 1, pag. 32 (2).

Les substances minérales étant moins sujètes que les autres

______

(1) Polyb. L. 10 , pag. 598.

(2) On doroit quelquefois les ouvrages en bois; les Romains en faisoient principalement les statues de Vertumne et de Priape, que l'on plaçoit dans les jardins
pour effrayer les voleurs et chasser les oiseaux. On a fait quelques statues
d'Acanthe. Le buis étoit recherché parce qu'il prend un beau poli; on en faisoit
des tables et des tablettes. Les statues de cèdre sont citées dans l'Écriture ; la
Diane d'Éphèse étoit de ce bois; on en avoit beaucoup employé dans le temple
de Salomon, et on en faisoit des lits, des coffres, etc. Les montans des portes

à s'altérer promptement, il nous est resté quantité de monumens en pierre, en marbre et en bronze ; on en trouve aussi
en terre cuite ; il résulte même des recherches qui ont été
faites sur les premières productions de l'art, qu'elles furent
exécutées en argile ; on façonna ensuite le bois, puis la pierre,
et enfin les métaux.

La connoissance des pierres, ou *lythologie* , est indispensable à ceux qui s'appliquent à connoître les monumens de
l'antiquité ; il seroit même utile de joindre à l'étude de la
minéralogie quelques connoissances métallurgiques ; ce sont,
en général, les matières dont les monumens sont composés,
qui indiquent leur origine, et qui font même souvent reconnoître l'époque à laquelle ils ont été exécutés. C'est la connoissance des marbres qui a fait déterminer celle à laquelle appartient l'Apollon du Belvédère. On a cru long-tems cette statue
faite d'un marbre grec ancien ; elle est de marbre de Carrare,
et a été exécutée du tems d'Auguste (1).

Les matières dont les monumens étoient composés, ont
influé sur leur conservation ou leur destruction, bien plus
que les circonstances particulières, qui les ont dérobés aux
recherches, ou mis en évidence. Ceux en or et en argent,
principalement d'un volume considérable, sont devenus très-

étoient de cyprès. On employoit souvent l'ébène , et on en faisoit des tables ,
des sceptres et autres ouvrages ; on le marioit fréquemment avec l'ivoire.

Les anciens ont encore employé dans les arts , le jayet, espèce de bitume, et
le succin ou ambre jaune ; mais les ouvrages en sont extrémement rares.

(1) M. Millin., *Cours d'Antiquités.* Ce savant a publié un petit ouvrage intitulé : *Minéralogie Homérique,* dans lequel on trouve des détails curieux et
importans sur les matières anciennement employées dans les arts ; il est devenu
très-rare , l'édition ayant été promptement épuisée ; à mon grand regret , je
n'ai pu me le procurer.

rares. On a cependant la certitude que ces métaux précieux ont été employés dans un grand nombre d'ouvrages. Mais dans tous les tems on les a desirés avec un tel empressement, qu'ils ont d'âge en âge passé au creuset pour y prendre les formes les plus avantageuses à ceux qui en étoient devenus possesseurs (1). On voit encore tous les jours des trésors nouvellement découverts passer chez l'orfèvre, qui détruit avec barbarie les restes de l'art, les plus intéressans et les plus curieux. On ne doit qu'au hasard la conservation des deux beaux Disques d'argent et de la précieuse Patère d'or, qui décorent aujourd'hui la collection impériale d'antiquités (2). Le cuivre même,

(1) On voit près de Vienne, département du Rhône, les ruines de plusieurs forteresses, dont on attribue la construction aux Romains. Il y a cinq ans que l'on découvrit dans celle que l'on nomme Fort-Pipet, et qui domine la ville, une cassette remplie de médailles et de vaisselle d'argent ; un orfèvre en fit l'acquisition, et je passai à Vienne à cette époque ; on me fit part de cette découverte, et je courus chez l'acquéreur ; je ne sais par quel motif il s'obstina à me nier cet achat ; mais il m'assura qu'il n'avoit acquis que des médailles d'or et d'argent, et quelques bagues qu'il avoit fondues. Je ne pus tirer de lui que la pierre d'une de ces bagues ; c'étoit une sardoine blonde, gravée en creux, et représentant un gouvernail, l'un des attributs de la fortune ; on voit souvent cette déesse sur les pierres gravées, et sur les autres monumens. Ce qui prouve le culte que les hommes ont, dans tous les tems, rendu à cette divinité, à laquelle on a de nos jours, avec raison, mis un bandeau sur les yeux. Les anciens la représentoient avec un gouvernail, une roue et une corne d'abondance.

(2) Tout le monde connoît la belle découverte de médailles d'or qui fut faite à Ornoy, près de Breteuil, et dont heureusement on sauva la majeure partie dont se sont enrichis le cabinet impérial et plusieurs collections particulières. Il y a trois ans que l'on trouva aussi à Savigny, près de Beaune, département de Saone-et-Loire, un vase rempli de médailles d'or, toutes du bas empire, et qui étoient au moins au nombre de 1,000 à 1,200. On en fondit à Lyon 20 marcs pesant ; ce qui est d'autant plus fâcheux, que parmi le peu de ces médailles qui ont été conservées, il s'en est trouvé de très-rares, telles que celles de Pulcherie, Avitus, Marcien, etc. On découvrit encore, en 1804, à Alise Sainte-

malgré son abondance, n'est pas toujours à l'abri de la cupidité (1), et de la destruction ; et c'est bien souvent chez le chaudronnier et le fondeur qu'il faut aller à la recherche des monumens antiques.

Le cuivre, étant de tous les métaux celui dont on a fait anciennement l'usage le plus fréquent, ce sera de toutes les substances minérales, la seule sur laquelle je ferai des recherches un peu étendues ; j'aurai encore occasion d'entrer dans quelques détails sur les différentes espèces de terres qui entrent dans la fabrication des poteries, lorsque j'en serai à cet article.

L'exploitation des mines remonte à une si haute antiquité, que les plus anciens peuples en ont fait honneur à leurs divinités. Il est vraisemblable que la découverte des métaux a été due au hasard, et qu'elle fut faite par des peuples agriculteurs. L'or et l'argent étant natifs, et le plus souvent à la surface de la terre, durent être connus les premiers (2). Le cuivre, le fer et le plomb ne se trouvant au contraire qu'à une profondeur plus ou moins grande, et toujours sous la forme de minerai, ces obstacles ont dû en retarder la découverte et l'emploi.

Reine, village que l'on croit avoir remplacé l'ancienne ville d'Alexia, fameuse par le siège qu'en fit Jules-César, et la défaite des Gaulois, une grande quantité de médailles d'or; elles étoient toutes du tems d'Auguste et de Tibère, et je reviendrai sur cette découverte.

(1) Pendant les tems de la grande effervescence révolutionnaire, on a détruit chez un fondeur, dans les bâtimens de la fontaine de Grenelle, une immense quantité de médailles antiques. On les jetoit dans la chaudière à la pelle et au boisseau.

(2) Suivant Diodore de Sicile, les instrumens et les outils furent d'or dans les premiers tems, comme au Pérou et au Chili.

Cependant le cuivre et le fer ont été connus dans des tems très-anciens. Diodore de Sicile, dans lequel on trouve des détails curieux sur l'exploitation des mines, parle de celle qui avoit lieu en Égypte, à des époques très-reculées. Dès le tems d'Homère, on employoit, dans la Grèce, le fer à quelques ouvrages ; mais il y étoit encore très-rare à cette époque ; il le fut long-tems aussi en Italie (1).

Ce métal ne se trouve en général dans la mine, qu'en parties peu apparentes ; avant qu'elles soient réunies et propres à être mises en œuvre, il faut lui faire subir plusieurs opérations longues et difficiles ; il faut ensuite le forger, et lui donner les dernières formes, selon l'emploi auquel on le destine.

Le cuivre, au contraire, se trouve facilement dans la terre, et toujours en parties très-étendues ; il entre promptement en fusion, et de tous les métaux c'est celui qui prend le plus exactement la forme du moule.

La préférence que les anciens ont accordée au cuivre étoit donc naturelle. On rapporte à Cadmus le premier emploi de ce métal.

On s'est servi pour le désigner, des noms *Æs*, bronze ou airain, et *Cuprum* cuivre. Quelques personnes ont prétendu que cette distinction n'étoit, chez les anciens, que la conséquence de la composition de ce métal, et que l'airain qui étoit une combinaison particulière de différens métaux, dans laquelle dominoient le cuivre et l'étain, étoit un résultat des procédés de l'art. D'autres ont dit que cet alliage n'avoit jamais été que l'effet du hasard. M. de Caylus (2) a pensé que les dénomina-

____

(1) Caylus, *Recueil d'Antiquit.*, tom. 1, pag. 239.

(2) Caylus, *Recueil d'Antiq.*, tome 1, pag. 238, donne quelques détails sur le cuivre. On en trouve encore de très-étendus et très-curieux dans le *Discours*

tions d'airain, de bronze et de cuivre, désignoient moins chez les anciens, les différentes préparations du métal, que les usages auxquels on l'employoit. Il ajoute que les Romains se servoient des noms *æs* et *cuprum*, selon la nature des objets formés de cette matière. Cette idée devient plus sensible, en observant que, dans notre langue, on ne diroit pas une marmite de bronze, une figure de cuivre.

Les anciens distinguoient plusieurs sortes de cuivre, et ils le divisoient d'abord en deux genres, *æs regulare* et *æs caldarium*. Chacun de ces genres se subdivisoit en plusieurs espèces, parmi lesquelles se trouvoient les mélanges naturels ou artificiels.

L'*æs regulare*, qui n'étoit autre que le cuivre fin épuré, que nous appelons cuivre rouge ou rosette, étoit propre à la fonte et à la forge (1). Le *caldarium* ne servoit qu'à la fonte, et étoit beaucoup moins pur que l'autre. Savot croit que cette seconde sorte étoit le potin, espèce de cuivre mêlé avec le plomb ou l'étain, et qui ne peut être ni forgé ni doré.

Parmi les autres espèces, se trouvoient l'*aurichalchum*, ou cuivre jaune; le *coronarium* (2), ou clinquant dont on se servoit pour l'ornement, principalement pour les couronnes théâtrales; l'*hépatizon* (3) ou cuivre, couleur de Foie; c'étoit sans doute notre bronze; le *pyropum* ou clinquant doré, qui s'employoit en lames très-minces et dorées des deux côtés, pour les girouettes que l'on plaçoit au-dessus des bâtimens;

---

sur les Médailles Antiques, par Savot, pag. 119. M. Millin en parle aussi dans son *Introduction à l'étude des Médailles*..

(1) Plin, lib. 34, cap. 8. *Caldarium funditur, tantùm malleis fragile....*

(2) *Ibid.*

(3) *Ibid.* lib. 33. cap. 9. *Quid ideò Hepatizon appellant procul à Corinthio.*

et l'*electrum*, mélange de cuivre et de zinc, assez semblable à notre laiton.

On a prétendu que les anciens avoient eu le secret d'une composition précieuse à laquelle ils avoient donné le nom d'*aurichalchum*, et qui étoit plus estimée que l'or même. On a dit aussi qu'ils possédoient le secret de teindre le cuivre d'un beau blanc, et qu'ils le nommoient ainsi teint *mossinæcum* (1).

On a encore beaucoup parlé du cuivre ou airain de Corinthe, dans lequel, disoit-on, se trouvoit de l'or ; et on assuroit que cet amalgame s'étoit fait dans un incendie par la fonte de vases de différens métaux ; on a même avancé que plusieurs ouvrages furent exécutés avec cet alliage, mais c'est une tradition à laquelle on ne peut ajouter foi (2).

Savot dit que les anciens ne savoient pas faire, sans beaucoup de perte, le départ de l'or et de l'argent, d'avec le cuivre (3). Cette difficulté les engagea à former plusieurs espèces de métaux mélangés. Ils appelèrent *electrum*, l'or allié à l'argent ; *aurichalchum*, l'or mêlé avec le cuivre ; enfin *æs corinthium*, cuivre corinthien, l'alliage de ces trois métaux. Cette dernière espèce fut encore, suivant le même auteur, subdivisée en trois autres, d'après les différentes proportions dans lesquelles s'y trouvoit chacun de ces métaux ; il a établi son opinion à cet égard, d'après le témoignage de Pline (4), qui dit aussi que de son tems, on appeloit cuivre corinthien, la matière dont on faisoit des statues.

(1) Savot, *Discours sur les Médailles*, page 119.
(2) M. Millin, *Cours d'Antiquités*.
(3) Savot, page 120 et suiv.
(4) Plin, lib. 34, cap. 2. *Quondam æs confusum, auro argentoque miscebatur. . . . . Omnia signa Corinthia appellant.*

On se servoit du cuivre ou airain pour les armes, pour les instrumens du labourage; on l'employoit dans les cérémonies religieuses, et dans tous les usages domestiques ; on en jetoit en moule des statues; on l'appliquoit enfin à presque tous les besoins de la vie ordinaire.

Il est certain que les anciens ont su tremper le cuivre, et lui donner le degré de résistance et de dureté convenable aux différens emplois qu'ils en faisoient. M. de Caylus a fait faire des expériences curieuses sur la trempe de ce métal; il donne le détail des procédés qu'il a employés, et dont il obtint les résultats les plus satisfaisans (1). Ce savant antiquaire parle aussi de l'étamage du cuivre, et dit qu'il n'est pas bien avéré qu'il ait été connu anciennement ; mais sans cette connoissance auroit-on pu se servir aussi généralement et sans danger, de vases de cette matière ? Les Romains surtout en ont fait un grand usage, et ils ont dû rechercher et employer les moyens de parer aux inconvéniens de ces ustensiles.

On ne jeta pas d'abord en fonte des figures d'un volume considérable; mais on les composoit de parties jointes ensemble par des clous (2). Cette méthode de fondre les figures par parties détachées se conserva long-tems ; par la suite on se servit pour les réunir de la soudure, au lieu de clous ; on l'employa aussi pour restaurer les statues.

L'art de souder l'or, l'argent et le cuivre (3), a précédé de beaucoup celui de souder le fer. On croit que ce fut Glaucus de Chio qui trouva ce dernier procédé, environ 600 ans avant J. C. (4). Hérodote et Pausanias parlent d'une

(1) *Rec. d'Antiq.*, tom. 1, pag. 241 et suiv.

(2) Pausan. lib. 3, pag. 257. Vinkelmann, *Hist. de l'Art*, tom. 2, pag. 86.

(3) Savot, pag. 54 et 55.

(4) Caylus, *Rec. d'Antiq.*, tom. 1, pag. 240. Vinkelmann, *Hist. de l'Art* tom. 2, pag. 88.

coupe de fer soudé, qui fut envoyée à Delphes par Alyatte, roi de Lydie, et que l'on regardoit comme un ouvrage rare et précieux.

Le cuivre pur étoit consacré aux Dieux ; les anciens lui attribuoient parmi plusieurs vertus secrètes, celle de chasser les spectres et les esprits impurs (1).

On trouve dans les cabinets d'antiquités un très-grand nombre de monumens de cuivre, et ce qui paroît singulier, presque tous de peu de volume ; ce qui auroit dû contribuer à leur destruction, ou à leur perte ; mais les monumens d'un volume considérable, tels que cuirasses, bustes, statues, sont toujours très-rares, et on n'en voit guères que dans les collections qui appartiennent à des souverains.

Je voulois me borner à quelques détails sur le cuivre; mais le plomb et l'étain ayant été quelquefois mélangés avec ce métal, j'en parlerai brièvement.

On a fait usage anciennement du plomb et de l'étain ; Pline (2) parle de deux sortes de plomb ; *plumbum nigrum, plumbum candidum ;* le plomb noir et le plomb blanc. Le noir étoit le même que notre plomb ordinaire, et il est vraisemblable que celui que Pline appelle *candidum*, et qui étoit beaucoup plus cher que le noir, n'est autre que notre étain doux. Cette dernière sorte doit sa couleur blanche au mercure qu'elle contient : on ne peut employer l'étain doux seul, à cause de sa mollesse, et c'est en le mêlant avec le plomb que l'on fait l'étain commun ; il est reconnu que le mélange de deux métaux, quelque doux qu'ils soient, donne un résultat plus aigre et plus dense.

(1) Caylus, *Rec. d'Ant.*, tom. 1, pag. 261.

(2) Plin. *Hist. Nat.*, l. 34, cap. 16.

Les anciens avoient deux sortes d'étains (1) , l'un vrai et
l'autre faux : le vrai étoit composé de plomb et d'argent fon-
dus ensemble ; ce métal n'étoit pas malléable et se forgeoit
très-difficilement.

L'étain faux étoit de trois espèces ; la première (2) composée d'un tiers de cuivre blanc et de deux tiers de plomb
blanc ; la seconde (3) de parties égales de plomb noir et de
plomb blanc ; on la nommoit *argentarium ;* il y avoit dans
la troisième (4) deux tiers de plomb noir et un tiers de plomb
blanc ; elle étoit propre à souder les tuyaux de plomb, et
se nommoit *tertiarium ;* la seconde composition étoit également propre à la soudure, mais on préféroit le *tertia-*
rium, parce qu'il étoit moins coûteux. Pline parle encore
de la manière d'appliquer cette soudure, et dit que l'on ne
pouvoit souder le plomb sans l'étain, ni l'étain sans le plomb,
et qu'il falloit ajouter de l'huile pour faire prendre cette soudure (5) ; aujourd'hui on se sert de la poix-résine au lieu
d'huile.

On a, depuis le tems de Pline, trouvé la manière de souder
le plomb avec le plomb, sans même y joindre l'étain ; ce
dernier métal avoit peu de durée, et plusieurs inconvéniens
pour la soudure ; il se pourrit dans la terre, et on ne pouvoit

(1) Savot , page 47.

(2) Plin. Lib. 34, cap. 17. *Nunc adulteratur stannum, additâ æris tertiâ*
portione candidi in plumbum album.

(3) *Ibid. Fit et alio modo mixtis albi plumbi nigrique libris ; hoc nunc aliqui*
argentarium appellant.

(4) *Ibid. Idem et tertiarium vocant : in quo duæ nigri portiones sunt, et tertia*
albi ; hoc, fistulæ solidantur.

(5) Plin. Lib. 34. cap. 17. *Nec jungi inter se Plumbum nigrum, sine albo*
potest : nec ei sine oleo, ac ne album quidem secum sine nigro.

s'en servir pour souder les tuyaux de fontaines qui y sont enfouis.

Les monumens antiques en plomb sont assez rares , parce que le tems oxide ce métal et le détruit. On a trouvé dans plusieurs endroits des fragmens de tuyaux en plomb, dont plusieurs portoient des inscriptions (1).

Je termine cet article sur les métaux , par un oxide métallique ou chaux de fer , que les Égyptiens et les Persans ont employé dans les arts ; c'est l'hématite ou pierre de sang , ainsi nommée parce que sa rapûre en a la couleur : on en a des cylindres et des pierres gravées en creux.

Il est bien établi par tout ce qui nous reste des anciens, qu'ils ont excellé dans les procédés relatifs aux arts , principalement dans ceux qui avoient rapport à l'emploi du cuivre ; mais nous ne devons pas nous dissimuler qu'ils ne sont arrivés à cette connoissance que peu à peu et par dégrés. Les arts ont eu leur enfance chez tous les peuples qui les ont cultivés. Leurs progrès ont été plus lents ou plus rapides, plus bornés ou plus étendus, suivant les différentes circonstances où ces peuples se sont trouvés. Les Égyptiens , les Persans et les Hébreux , chez qui les artistes étoient astreints dans leurs ouvrages, à de certaines règles, et à des formes de tradition, n'ont pu donner l'essor à leur génie , et se sont arrêtés à un point qu'ils n'ont pu dépasser. Les Grecs, au contraire, qui laissoient toute liberté à leurs artistes , et qui encourageoient leurs progrès par des récompenses, ont atteint rapidement le plus haut degré de perfection.

____

(2) Je possède quelques monumens en plomb assez curieux, parmi lesquels se trouve une suite de pièces ou médailles avec des types singuliers ; plusieurs bagues avec chaton ; une petite figure d'Isis , de deux pouces et demi de haut, et une lampe.

Les arts ont eu aussi leurs momens de décadence, et leurs siècles de barbarie. C'est pendant ces époques malheureuses que se sont perdus plusieurs procédés des plus intéressans, et que l'on n'a pu retrouver encore. Nous pouvons nous flatter de toucher de nouveau au plus haut point des connoissances dans les sciences naturelles ; et jamais les progrès dans ces sciences, n'ont été aussi prompts et aussi étendus, que depuis quelques années. Il seroit à desirer que nous pussions nous vanter de même de l'état des arts, qui commencent à peine à se relever, et à se montrer tels qu'ils doivent être, à l'époque glorieuse où tant de grands évènemens sont une source intarissable pour le génie de nos artistes, et où les encouragemens ne sont pas épargnés.

Je passe à la description des planches d'antiquité, en observant que tous les objets dont la matière n'est pas indiquée particulièrement, sont de bronze ; la grandeur dans laquelle ils ont été dessinés, est également désignée.

PLANCHE PREMIÈRE.

N°. 1.

Ce fragment de bronze a servi de pied ou de support ; on voit à la partie supérieure de l'aile de l'enfant, la trace de l'objet auquel il étoit appliqué ; la figure sort d'une plante terminée en pied de gryphon ; la plinthe n'a pas été jetée avec le reste, mais elle y a été ajustée.

M. de Caylus (tom. 1. pag. 233. Pl. XCI. N°. 4.) cite un morceau du même genre que celui-ci, mais d'une dimension beaucoup plus petite, puisqu'il n'a que 20 lignes de hauteur.

J'en possède quatre, tous différens, et qui ont de 24 à 27 lignes.

N°. 2.

Cette petite figure de bronze est assez bien conservée ; la main droite seule y manque ; l'arrangement des cheveux, les traits du visage, le corps impubère et la pose, me font penser que c'est un Apollon. On voit dans la main gauche, qui est à demi-fermée, une rainûre dans laquelle étoit vraisemblablement adaptée une lyre. Ce qui appuie cette conjecture, c'est que j'ai acquis depuis peu une petite figure en fer, trouvée près de Mayence, dont le style, la pose et les formes sont les mêmes que dans celle que je décris ; la main droite de la figurine de Mayence est conservée, et tient le *plectrum* (1), ce qui ne laisse aucun doute que l'une et l'autre de ces petites figures ne représente le dieu de la musique. On le voit dans la même attitude, et d'un style assez semblable, sur les médailles de Claude le gothique, de Quintille, de Valérien et de Gallien.

Cette figure a été trouvée à trois pieds de profondeur, et près du palais (2).

N°. 3.

Ce petit buste est de bronze et de demi-relief ; il représente

(1) Petit bâton ordinairement d'ivoire, dont les anciens se servoient pour toucher les cordes de la lyre. On en voit un dans la main droite de l'Apollon Musagète, musée Napoléon, salle des Muses.

(2) En creusant les fondations de ce palais, on trouva une petite figure en bronze, de Mercure. M. de Caylus en a parlé ; celle d'Apollon, qui vient d'être décrite, ayant été trouvée dans le voisinage du bâtiment, ces deux découvertes s'appuyent mutuellement, et deviennent plus intéressantes par leur rapprochement.

une femme ayant sur la tête une couronne, formée d'une muraille flanquée de deux tours; ces tours sont semblables à celles qui défendoient autrefois les murailles et les portes des villes. Un voile passe derrière cette couronne, et retombe sur les épaules, la draperie de la tunique est assez bien disposée. Le père Montfaucon (*Antiq. Expliquée*, tom. 3, part. 1, Pl. XXV.) a fait graver plusieurs têtes de femme. La première de cette planche, et la troisième du dernier rang, ont beaucoup de rapport avec celle de ce numéro ; l'arrangement des cheveux, séparés par le milieu, et la disposition du voile, sont presque les mêmes. On pourroit attribuer ce petit buste à Cybèle.

Plusieurs antiquaires ont regardé comme une Isis la belle tête de bronze qui fut trouvée, en 1675, près Saint-Eustache, et que l'on voit aujourd'hui dans la collection impériale. D'autres ont pensé, et sans doute avec plus de raison, que ce monument représentoit la mère des dieux, et que cette déesse avoit aussi eu dans l'ancien Paris un culte et des autels.

Souvent les plus petits monumens aident à établir une opinion, et je pourrois citer le petit buste de ce numéro, et le manche de cuillier terminé par une pomme de pin (Pl. IV, n°. 5), comme de nouvelles preuves que Cybèle fut du nombre des divinités dont les Romains apportèrent le culte dans les Gaules. Ce sentiment se trouve encore appuyé par la découverte d'un beau buste de cette déesse, trouvé à quatre lieues d'Abbeville. M. de Caylus l'a fait graver, (T. 5. Pl. XCI). Dom Martin rapporte aussi un petit buste de Cybèle, trouvé au bas de Montmartre.(*Religion des Gaulois,* tom. 11. pag. 40.)

N°. 4.

Cet ornement de bronze est d'un bon style; il a été trouvé dans l'ancienne cour des Fontaines de la rue d'Enfer, à 22 pieds de profondeur. Il étoit enveloppé dans un résidu grisâtre qui remplissoit une partie de la grande Amphore, (Pl. IX, n. 1), et que j'ai regardé comme des cendres. Ce fragment semble représenter une tête de Mercure avec le pétase; mais il seroit difficile de déterminer l'emploi auquel il a dû s'appliquer.

N°. 5.

Ce crochet étoit sans doute retenu sur du cuir, au moyen des deux trous qui sont à la partie supérieure; il est curieux par sa forme et par la boule massive qui le termine.

N°s. 6. 7. 8. 9 et 10.

J'ai choisi ces cinq fibules sur un plus grand nombre, que j'ai recueillies, mais qui sont moins bien conservées que celles-ci. Les n°s. 6 et 7 sont de bon goût et de formes citées par les antiquaires; on en a trouvé de semblables dans les fouilles de la ville du Châtelet, dont j'aurai occasion de parler d'une manière plus étendue. Le n°. 7 est de bronze incrusté en argent : toutes ces agraffes paroissent remonter à des tems où les arts étoient déjà très-avancés.

Le mot latin *Fibula* s'appliquoit à toutes sortes de boucles et d'agraffes; le nombre en étoit aussi multiplié que l'usage : il y en avoit qui servoient à retrousser les draperies; les hommes les portoient sur l'épaule, et les femmes au-dessous de la gorge : celles que je publie ont dû être employées à cet usage. Quelquefois l'aiguille de ces agraffes passoit dans l'étoffe comme nos épingles ; d'autrefois elle entroit, pour les fixer, dans deux plaques de métal plus ou moins précieux, selon la qualité des personnes. Ces plaques étoient attachées aux deux bouts de la draperie, et enchâssées l'une dans l'autre. Il y avoit des fibules en or, en argent, mais principalement en cuivre, et les formes en étoient extrêmement variées.

N°. 11.

L'ornement en forme de croissant, qui se trouve sur cet anneau, n'est pas ordinaire.

L'usage des anneaux remonte à des tems si reculés, que l'on n'en connoît pas l'origine. On croit que les Romains le reçurent des Grecs, et que ceux-ci le tenoient des Égyptiens.

On en faisoit un si grand abus du tems de Pline, qu'il regardoit cette invention comme un très-grand crime : *pessimum vitæ scelus.* Dans les premiers tems de la république, le droit de porter un anneau d'or n'étoit accordé qu'aux sénateurs qui avoient rempli des ambassades ou rendu des services à la patrie ; ce droit s'étendit ensuite à tous les sénateurs indistinctement ; enfin, l'anneau d'or devint la marque distinctive des chevaliers romains qui entroient dans l'ordre par le seul don de cet anneau. Le peuple portoit des anneaux d'argent et de cuivre, et les esclaves en avoient de fer.

Mais après la chûte de la république, toutes ces distinctions furent confondues, et l'usage de l'anneau d'or fut accordé même à des affranchis.

On porta d'abord les anneaux aux doigts de l'une ou de l'autre main indifféremment ; mais lorsque cet usage fut devenu une mode, on les porta au quatrième doigt, puis au second, et ensuite au petit doigt. Dans les commencemens on se borna à un seul anneau; par la suite on les multiplia au point d'en porter non-seulement à tous les doigts, mais à toutes les jointures de chaque doigt. On les orna de pierres précieuses, et on poussa le luxe jusqu'à en avoir pour l'été, et d'autres pour l'hiver; on les nommoit *semestres annuli.* Outre les anneaux qui n'étoient que pour l'ornement, il y en avoit qui servoient de cachets, *annuli signatorii;* chacun y faisoit graver une figure ou un symbole qui lui étoit propre et qui ne servoit qu'à lui. Il y avoit encore des anneaux de noces, *annuli nuptiales, pronubi,* dont le futur faisoit don à sa prétendue; cet usage a passé jusqu'à nous. Enfin, il y avoit une quatrième sorte d'anneaux inventés et accrédités par la superstition et par l'imposture; c'étoit des espèces d'amulettes ou de talismans avec lesquels on se croyoit à l'abri de tout péril, et certain du succès dans toutes ses entreprises. La plupart des pierres gravées, principalement les intailles, ont été enchâssées dans des bagues; souvent l'anneau étoit massif et volumineux, et la pierre qui l'ornoit, d'une extrême petitesse.

N°. 12.

On trouve assez communément des plaques semblables à celles-ci; elles sont le plus souvent ornées d'un cœur, creuses, et réunies deux par deux au moyen d'une boucle dont la forme varie : les deux trous qui sont à la partie supérieure servoient à les fixer sur le cuir; il est probable que ces sortes de plaques entroient dans l'équipement des chevaux; on en découvre en grand nombre dans des plaines où l'on peut supposer que de grandes batailles ont été livrées.

(103)

PLANCHE II.

N°. 2.

Cette belle fourchette d'argent (1) est d'une conservation
parfaite ; elle a été trouvée dans la partie de jardin qui pro-
vient de l'hôtel de Vendôme, et dont on a fait un parterre.
(C'étoit en cet·endroit même que passoit autrefois la rue
d'Enfer).

On découvrit sur la voie Appienne une fourchette de
même métal, et absolument semblable à celle-ci pour le
goût, la forme et les proportions. M. de Caylus (2) l'a fait
graver, et en loue singulièrement la conservation, la beauté
du travail et la bonne disposition des filets. Elle est en ce
moment dans la collection impériale ; celle de ce numéro
me fait bien regretter un petit vase d'argent, trouvé quelque tems auparavant, que l'on me dépeignit assez semblable
à une salière, et ayant des pieds de biche. Ce vase étoit sans
doute du même style et du même tems que la fourchette ; il
fut détruit chez un orfèvre.

Je n'ai rapporté la fourchette d'argent numéro 1, que
pour faire voir combien l'usage des fourchettes à deux
branches s'est conservé long-tems. Celle-ci est marquée d'un
contrôle, dont la disposition annonce que cet ustensile a
servi tel qu'il est, et n'a jamais été destiné à recevoir un
manche.

(1) Elle appartient à M. Cauchy, archiviste du Sénat, qui a bien voulu me la
prêter pour la faire dessiner.

(2) Caylus, *Rec. d'Antiq.*, tom. 3, pag. 312.

(104)

N° 3.

Ce manche de couteau, recouvert d'ornemens et terminé
par une tête d'aigle, est de bronze.

N°. 4.

Ce fragment représente un pégase sortant d'une fleur; il
a fait partie, à ce que je crois, d'une anse de vase, et je l'ai
fait dessiner sous deux aspects. La tête du cheval est d'un
assez bon style, et bien caractérisée; M. de Caylus (T. 5,
Pl. LXXXIX) a fait graver un morceau assez semblable à
celui-ci ; je le dois, ainsi qu'un vase de terre et quelques
médailles, à M. Charpentier, jardinier en chef du sénat.

N°. 5.

Le cure-oreille d'or que j'ai placé sous ce numéro, ne m'a
paru antique, que parce que le métal en est très-pur, et
qu'il a été trouvé à une grande profondeur, et avec d'autres
objets qui le sont indubitablement.

N°. 6.

On découvre souvent, et en assez grand nombre, des aiguilles en ivoire et en bronze; les unes, comme celle-ci, sont
percées à leur tête; d'autres sont terminées et ornées de différens sujets. Ces aiguilles, nommées par les anciens, *acus
crinalis, acus discrimininalis,* entroient dans la parure des
femmes; elles s'en servoient pour retrousser leurs cheveux,
ou pour les séparer sur le devant de la tête, comme on le

voit dans quantité de monumens antiques. Quoique ces ai‑
guilles fussent d'un usage très-commun, on en trouve sou‑
vent qui sont d'un travail achevé; parmi celles que je con‑
serve, j'en ai une avec un chien accroupi; ce petit animal,
qui n'a que 6 lignes de proportion, est d'un fini précieux.
Il y a de ces aiguilles en or, en argent, en bronze et en ivoire.

Nos. 10 à 13.

Les clefs antiques sont assez communes et de formes très‑
variées; cependant, elles ne remontent pas à des tems très‑
anciens. Le n°. 10 est de bronze doré; le n°. 11 est en fer;
les nos. 12 et 13 sont des fragmens de clefs de forme singu‑
lière. On ne connoît pas de serrure antique.

N°. 15.

Ce bout de fourreau d'épée est bien conservé; j'en ai re‑
cueilli deux autres à peu près semblables, que je n'ai pas fait
dessiner. On sait que les anciens ne se servoient pas de la
pointe, mais seulement du tranchant de l'épée, dont là lame
étoit arrondie par le bout.

N°. 16.

On trouve des tessères (1) en ivoire, absolument semblables
pour la forme, la grandeur et la disposition des filets circu‑
laires, à celle-ci, qui est de bronze : l'autre face est unie.

(1) Les tessères étoient des plaques de bronze ou d'ivoire qui servoient
d'entrée dans les spectacles ; il y en avoit aussi qui servoient à réclamer l'hos‑
pitalité.

N°. 17.

Cet anneau de cuivre, destiné à être mis à l'oreille, est d'un travail soigné, et prouve, ainsi que beaucoup d'autres ouvrages, que les anciens ne négligeoient rien, et qu'ils apportoient beaucoup d'attention dans l'exécution des choses qui servoient aux usages les plus ordinaires ; on nommoit ὄφεις les anneaux et les bracelets qui avoient la forme de serpent.

Les autres objets qui composent cette planche n'ont qu'un intérêt de collection, et il seroit difficile d'en assigner l'emploi.

PLANCHE III.

N°. 1.

L'usage des miroirs remonte aux plus anciens tems de la Grèce ; on en fit d'abord en or, en argent et en pierre obsidienne ; on y employa ensuite une composition métallique ; ils étoient le plus ordinairement de forme ronde, et le métal en étoit poli, comme le dit Sénèque, en se récriant sur le luxe des femmes qui, de son tems, avoient des miroirs aussi grands qu'elles-mêmes. M. de Caylus (T. 5, pag. 174) donne en ces termes l'analyse du métal dont ils étoient faits.

« C'est, dit-il, un alliage métallique aigre et cassant, d'une
» couleur blanchâtre tirant sur le gris ; étant mis au feu, il
» rougit long-tems avant que de fondre ; il ne s'enflamme
» pas, et n'a point l'odeur d'ail, qualités qui annoncent la
» présence de l'arsenic : il ne donne pas les fleurs qui ré-
» sultent de l'alliage du zinc, et il se dissout promptement
» dans l'acide nitreux. En résumé, c'est un alliage de cuivre,

» de régule d'antimoine, et de plomb ; le cuivre y domine,
» et le plomb s'y trouve en moindre quantité. »

J'ai trouvé dans les fouilles du jardin du sénat, et dans des endroits différens, plusieurs fragmens de cet alliage métallique, ayant tous les caractères dont parle M. de Caylus. Tous ces fragmens paroissent avoir fait partie de miroirs d'un très-petit volume.

Le n°. 1 de cette planche a appartenu à un meuble de ce genre ; les manches de miroirs avoient cette forme qui facilitoit le moyen de les tenir : les miroirs servoient aux imitations, et c'est pour cela qu'on en voit souvent sur les vases grecs.

N°. 2.

Cette petite pince, recouverte d'une belle patine, a conservé toute son élasticité ; elle est d'une forme agréable, et se ferme au moyen d'un anneau mobile qui coule sur sa longueur.

N°ˢ. 6, 7, 8.

Ces boutons, de trois formes différentes, sont curieux, surtout les n°ˢ. 6 et 8, qui se rencontrent rarement. M. de Caylus (T. 2, Pl. CXXIII) en a fait graver un semblable au n°. 6, et il dit que c'est le seul de cette forme qu'il ait rencontré sur un très-grand nombre qu'il possédoit, et qui étoient tous ronds ; on en a trouvé un pareil dans les fouilles du Châtelet. Ces boutons s'attachoient sur l'étoffe par les deux tenons qui sont à leur face intérieure.

N°. 11.

C'est la partie supérieure d'une épingle de tête faite dans les premiers siècles de l'église.

N°. 15.

On croit que c'est une entrée de serrure.

J'ai rassemblé dans cette planche toutes les variétés d'anneaux, boucles et agraffes que j'ai recueillies en très-grande quantité. Les n°s. 25 et 29 sont de toutes les boucles celles que l'on trouve le plus communément, et presque toujours en grand nombre. J'en ai des paquets qui viennent de la Picardie, et d'autres de la Bourgogne; parmi ces boucles, qui servoient sans doute à des usages très-ordinaires, plusieurs sont remarquables par leur élégance, et toutes sont de formes très-variées. Les n°s. 14, 36, 38, 39 et 40, offrent des détails de composition du meilleur goût; la petitesse des agraffes n°s. 41 et 42 mérite aussi quelque attention. Je ne m'étendrai pas davantage sur tous ces objets, dont l'œil saisit l'emploi à la première vue, mais je répéterai qu'ils sont une nouvelle preuve des soins que les anciens se plaisoient à apporter à l'exécution des ouvrages les plus communs.

PLANCHE IV.

La découverte du verre remonte à la plus haute antiquité (1). Il est à croire même que cet art n'a jamais été perdu, mais qu'il a été plus ou moins pratiqué, et dans un degré de perfection différent, par les nations qui l'ont transmis aux

(1) Caylus, *Rec. d'Antiq.*, tom. 1, pag. 293.

Romains. Il est reconnu que les anciens employoient les mêmes matières que nous, et qu'ils connoissoient l'art de faire le verre et de lui donner toutes sortes de couleurs; on peut même avancer qu'ils ont poussé beaucoup plus loin que nous la perfection de ce genre de travail. Vinkelmann et M. de Caylus (1) ont donné des détails très-étendus et très-curieux sur la manière dont les anciens ont traité le verre et sur l'emploi qu'ils en ont fait. Rien de plus ingénieux que les procédés qu'ils employoient pour varier les couleurs, et celles qui se voyoient à la surface pénétroient dans toute l'épaisseur de la pâte. Vinkelmann a donné le dessin d'une coupe qui faisoit partie de la belle collection du marquis Trivulzi, à Milan, et qui est un chef-d'œuvre de tour; car les anciens tournoient le verre avec la plus grande facilité. Tous les vases de verre sont rares, et la fragilité de leur matière en est la première cause. Ceux que l'on trouve bien conservés sont renfermés dans des urnes et dans des tombeaux; mais, en général, ces vases sont presque tous de verre blanc, et on en connoît très-peu en pâtes coloriées. Le cabinet impérial possède le fragment d'un vase qui devoit être de la plus grande beauté, soit pour le travail, soit pour le style; il représente un Persée en pâte blanche sur un fond violet; on regarde ce morceau comme une chose rare et précieuse. Il me convient peu de me citer à côté de la magnifique collection impériale; cependant je crois pouvoir dire ici que je possède une suite des plus curieuses en verres coloriés, parmi lesquels se trouvent trois vases entiers et un fragment de camée du même genre que celui du cabinet impérial dont je viens de parler.

(1) Vinkelmann, *Hist. de l'Art*, tom. 1, pag. 44. Voyez aussi la *Note* de M. Carlo Féa, qui se trouve à la même page.

J'ai fait dessiner dans cette planche quelques morceaux de verre trouvés dans le jardin du sénat.

N°. 1.

Ce fragment est de verre blanc, et a fait certainement partie d'un vase dont la forme est ponctuée ; il est si parfaitement semblable à la même portion d'une petite urne trouvée dans les fouilles du Châtelet (1), qu'il semble sorti du même moule; cette urne est ronde, avec un vuide dans le milieu , qui servoit peut-être à passer le doigt, pour tenir plus facilement le vase. Petau (2) en a fait graver un à peu près semblable; il fut trouvé en 1612 avec d'autres objets, près de deux squelettes ensevelis dans le sable dans une maison de la rue de la Tisseranderie. Cette maison appartenoit alors à Jean Amalric, intendant des armées sous Louis XIII, qui la faisoit rebâtir; elle avoit fait autrefois partie de l'hôtel des anciens comtes d'Anjou.

Plusieurs antiquaires ont pensé que les petites urnes de verre et de terre, de différentes formes et grandeurs, que l'on trouve communément dans les tombeaux, ou dans les urnes

(1) Il est à propos d'expliquer ce que c'étoit que ces fouilles dont j'ai déjà parlé plusieurs fois, et que j'aurai occasion de citer souvent encore. M. Grignon , maître de forges à Bayard , membre de plusieurs académies, découvrit, en 1772, les ruines d'une ville romaine, sur la petite montagne du Châtelet , entre Saint-Dizier et Joinville ; il publia dans cette même année, et en 1774, deux bulletins des fouilles qu'il y fit faire , et donna une description abrégée des monumens antiques qu'il y avoit recueillis. M. de T... a fait l'acquisition de presque tous ces monumens, et m'a permis de les examiner à loisir. Les fragmens de poterie trouvés dans ces fouilles offrent une entière analogie avec ceux qui viennent d'être découverts à Paris, ce qui me fournira par la suite des rapprochemens intéressans sur ces deux manufactures.

(2) Cabinet de Petau , Planche XIII.

cinéraires, servoient à recevoir les larmes des parens et des amis des défunts ; on les plaçoit dans les tombeaux ou sur les bûchers, comme un tribut de regrets : de là on a appelé indistinctement tous ces petits vases *lacrymatoires*. Mais quelques savans ont nié positivement cet usage, assez généralement prouvé et reconnu ; ils ont dit que ces urnes n'avoient jamais été destinées qu'à contenir des onguens et des parfums ; on auroit pu, ce me semble, concilier aisément ces deux opinions, en convenant que ces vases ont pu servir aux deux usages ; on en trouve même dans les catacombes qui contenoient du sang des martyrs, dans les tombeaux desquels on les avoit placés. Mais on ne peut révoquer en doute l'usage des lacrymatoires ; les auteurs ont parlé des pleureuses à gage, *præficæ* (1). Quantité de monumens les représentent ; le plus remarquable, c'est le bas-relief qui existoit en 1770 aux Charitains de Clermont (Pui-de-Dôme), et qui a disparu depuis 1792. M. de T..... a fait graver ce monument, dont il m'a permis de faire usage ; il représente des funéraillles. Les personnages, au nombre de douze, ont chacun des fonctions particulières ; l'inscription indique que l'on rend les derniers devoirs à une jeune fille, morte à l'âge de dix-sept ans et cinq mois. Sa mère, profondément affligée, est soutenue par une femme moins âgée, et voilée comme elle ; des deux femmes qui suivent, l'une commence à creuser la terre avec une pelle, pour y déposer l'urne cinéraire ; l'autre porte sur l'épaule un instrument propre à creuser aussi. Deux femmes voilées viennent ensuite, dont l'une tient et semble presser avec affection le vase qui contient les cendres de la

(1) Barufaldi, *de Præficis*. Musellius, rapporte une lampe de terre trouvée près de Vicence, sur laquelle on voit une femme avec des ailes, tenant de chaque main une petite urne semblable à celles dont il est question.

défunte ; elles sont suivies par deux jeunes filles et deux jeunes garçons portant un panier et un vase. On voit à terre, une lampe, une espèce de petit coffre et un vase à libation. Mais les deux personnages les plus remarquables, et dont l'un est tronqué par une mutilation, ce sont deux pleureuses, assises derrière la mère de la défunte ; celle qui est restée entière dans le bas-relief, tient une petite urne sous chacun de ses yeux, et on ne sauroit douter que ce ne soit pour y déposer ses larmes.

M. de T. a fait graver dans cette même planche une urne cinéraire d'une forme singulière, et qui n'a pas encore été publiée ; elle est en terre commune, et a été trouvée dans les jardins du sénat, pendant les dernières fouilles qui y ont été faites.

N°s. 4 à 8.

On découvre assez fréquemment des grains de verre de différentes grosseurs et de formes très-variées ; ils paroissent avoir servi de colliers et de bracelets. Les uns sont transparens, comme les n°s. 4, 5, 6 ; les autres, comme les n°s. 7 et 8, sont opaques ; ces derniers sont d'une composition bleuâtre qui ressemble beaucoup à celle des petites figures en émail que l'on trouve en très-grand nombre dans les sépultures des Égyptiens. Montfaucon, Caylus, Musellius, et d'autres antiquaires, ont rapporté de ces sortes de grains ; on en a recueilli beaucoup dans les fouilles du Châtelet.

N°s. 9 et 10.

Les lampes antiques sont assez communes dans les cabinets ; elles sont curieuses par leur matière, leurs formes, et les sujets qui y sont représentés. Plusieurs auteurs ont prétendu qu'il y en avoit d'inextinguibles, et c'est d'après cette supposition que Liceti a fait des recherches sur les lampes; Bellori, Passeri, et autres, ont aussi écrit sur ces monumens.

On trouve des lampes en terre, qui sont les plus communes; en bronze, qui sont plus rares; en verre et en plomb, mais dont on possède très-peu. Elles sont ou unies ou avec des ornemens, et souvent avec différens sujets mythologiques et héroïques ; on y voit des animaux, des inscriptions votives, des souhaits de bonne année, etc. En dessous de ces lampes se trouvent souvent la marque et le nom du potier ou de la manufacture dans laquelle elles ont été faites ; cette marque est en relief ou en creux. On voit sur les médailles du tems de Constantin, et postérieurement à ce prince, le monograme du christ composé d'un п *pi* et d'un р *rho* grecs; il se trouve aussi sur les lampes des premiers tems du christianisme.

Les deux fragmens de lampe que je rapporte sont en terre et de bon goût; le petit génie qui caresse un lion tranquille et soumis pourroit être l'emblême de la mort, qui détruit tout et dompte les plus forts. Les anciens ont représenté le Sommeil et la Mort sous les traits d'un jeune homme ayant les jambes croisées et les mains sur la tête; ils regardoient la mort comme un long sommeil, un dernier repos. On n'a imaginé (1) qu'après les siècles des persécutions et des martyrs, de l'offrir sous les traits difformes d'un squelette armé d'une faulx, et portant des ailes de chauve-souris.

N°. 11.

On a découvert dans les jardins du sénat un pavé de

(1) M. Millin, *Cours d'Antiquités.*

mosaïque circulaire, dans le voisinage du grand bassin actuel, près de la terrasse qui conduit aux Chartreux. Je n'ai pu m'en procurer les dimensions, ne l'ayant pas observé moi-même; j'ai su seulement que cette mosaïque étoit parfaitement conservée. Il est fâcheux de convenir qu'elle fut impitoyablement brisée, et que les débris en furent ensevelis dans les remblais de la nouvelle chaussée; je pris des ouvriers qui avoient travaillé à cette destruction tous les renseignemens possibles; je fis même creuser dans différens endroits où ces ouvriers m'assuroient que les morceaux fracturés avoient été déposés, mais mes recherches furent inutiles; ce ne fut que long-tems après que je me procurai par hasard trois fragmens de cette mosaïque, qui avoient été ramassés par un curieux. J'en ai fait dessiner un sous le numéro 11 de cette planche; elle étoit composée de cubes inégaux, et le pavé étoit encadré dans toute sa circonférence par une bordure de différentes couleurs. Au surplus, cette mosaïque étoit des plus communes ; les cubes étoient enchâssés dans un ciment composé de chaux, de sable et de briques pilées. J'ai aussi trouvé dans différentes parties des fouilles plusieurs morceaux de ce ciment, recouvert d'une couche de plâtre, et enduit à sa surface d'une couleur rouge; j'ai comparé ces fragmens avec des enduits de même nature envoyés d'Herculanum, et je n'y ai trouvé aucune différence.

On sait avec quelle magnificence les Romains décoroient l'intérieur de leurs maisons; les mosaïques surtout y étoient fréquemment employées. Il y en avoit de communes; c'est-à-dire dont les cubes étoient plus gros, moins égaux, et placés avec moins de soin que dans d'autres qui étoient faites avec beaucoup d'art. On peut citer comme un échantillon

(115)

de ces dernières le beau fragment de frise trouvé à Tivoli;
il a été décrit et gravé par M. de Caylus (T. 1, pag. 291),
et se voit aujourd'hui dans le cabinet impérial. On prétend
que ce genre de travail a pris naissance dans la Grèce, et que
la première mosaïque faite en Italie fut celle de Préneste (1),
que Sylla y fit exécuter dans le temple de la Fortune, environ 170 ans avant J. C. Non-seulement on faisoit des pavés
de mosaïque, mais on en décoroit les murs des appartemens.
Suétone (2), dans la vie de Jules-César, dit que ce prince
faisoit porter avec lui de ces pavés pour les placer dans sa
tente.

On découvre journellement des mosaïques dans les anciennes villes; il en existe à Nismes, Orange, Vienne, Lyon,
Bavay, etc.; mais souvent aussi on les détruit, ce qui vient
d'arriver à Paris, où ce reste d'antiquité auroit été d'autant
plus précieux, que les monumens de ce genre y sont très-
rares; c'est une preuve du peu de soin que l'on apporte à
les conserver.

M. Schneider, professeur de dessin au collège de Vienne,
département du Rhône, a trouvé le moyen de transporter
et de rétablir les mosaïques, quelque volumineuses qu'elles
soient; il me montra, dans le musée qu'il a formé du fruit
de ses recherches, plusieurs grands pavés enlevés par le procédé qu'il a imaginé; il consiste à scier les mosaïques par
portions carrées faciles à transporter; on place ces fragmens
dans des cadres biens cerclés, et on étend sur la mosaïque
une couche de plâtre, afin que les cubes ne se dérangent

(1) *Recherches curieuses d'antiquités*, par Spon. (Deuxième Dissertation.)
Vinkelmann , *Hist. de l'Art*, tom. 2, pag. 369.

(2) Spon , *ut suprà*, pag. 32. *In expeditionibus tessellata et sectilia pavimenta
circumtulisse.*

pas; ces cadres sont numérotés, et lorsque l'on a préparé la place où l'on veut établir la mosaïque, en la couvrant d'une couche de ciment, on y incruste chaque portion dans l'ordre que l'on a marqué, on nettoye le plâtre, et on parvient à sauver de la destruction ces monumens qui ne périssent le plus souvent que par la difficulté de les enlever et de les transporter.

Quelque réputation que les anciens eussent acquise dans cette sorte d'ouvrage, on convient généralement que les modernes les ont de beaucoup surpassés, et qu'aujourd'hui la mosaïque se fait dans le dernier degré de perfection. A Rome et à Florence, les ateliers en sont nombreux, et il en sort des ouvrages magnifiques; on a aussi commencé à en faire dans la capitale (1) de l'empire français.

N°. 12.

Cette sardonix est une des pierres que l'on nomme *nicholo;* elle a deux couches, l'inférieure, qui est noire, et celle de dessus, d'un bleu clair. Elle a été gravée en creux, et représente un vase à deux anses *Diota,* orné de deux mascarons ; le graveur a mal à propos ajouté le carton doré qui entoure la pierre, et dans lequel on la voit dans sa grandeur

(1) Le Gouvernement a favorisé l'établissement à Paris d'une école de mosaïque; elle existe déjà depuis quelques années, sous la direction de M. Belloni, artiste distingué. Parmi les élèves qu'il forme dans ses ateliers, se trouvent plusieurs sourds-muets, qui réussissent très-bien dans ce genre de travail. M. Belloni exécute, non-seulement la mosaïque proprement dite, qui est composée de cubes égaux de différentes matières et couleurs, mais il fait aussi faire la mosaïque de Florence, qui consiste en fragmens de pierres dures de différentes formes, et que l'on rapporte sur un fond quelquefois très-dur aussi comme le porphyre pour y former des sujets. Le musée Napoléon, galerie d'Apollon, renferme des tables où cette sorte d'ouvrage est exécutée d'une manière surprenante.

naturelle ; elle a été trouvée dans le tombeau d'un ancien abbé de Saint-Germain-des-Prés, et étoit montée en bague. On trouva dans le même tombeau une belle crosse en cuivre doré, dont le dessin est d'un style ancien et particulier ; le bâton de cette crosse étoit de bois. J'ai fait l'acquisition de ces deux objets chez un orfèvre, qui avoit déjà fondu la bague, et j'ai fait dessiner dans cette planche la petite pierre de ce numéro, comme appartenant aux antiquités de la capitale.

N°. 13.

L'usage des bracelets a été très-multiplié ; on en mettoit aux bras, aux jambes, et même aux cuisses. Il y en avoit en or ; mais le plus ordinairement, ils étoient de cuivre, comme celui-ci ; il a été cassé en deux endroits. Cette forme cordonnée est assez commune ; c'est un fil de laiton, tortillé sur un bracelet uni : depuis que cette planche est gravée, j'en ai recueilli trois autres à peu près semblables ; un seul est uni.

N°. 14.

On reconnoît aisément les dés à coudre antiques à leur forme applatie comme dans celui-ci ; je me suis borné à en faire dessiner un, en ayant recueilli plusieurs autres, mais qui ne différoient pas assez pour mériter d'être rapportés.

N°ˢ. 18 et 19.

Ces deux crochets sont bien conservés ; leur forme m'a paru digne d'être remarquée. On en a trouvé un près de Douay, presque pareil au n°. 19. (Voy. Caylus, tome 6, Pl. CXXX).

Il y a encore dans cette planche une roue votive en plomb, une espèce de bulle ou amulette en forme de cœur, une petite anse, et un fragment de crochet qui a peut-être fait partie d'une arme.

PLANCHE V.

N°s. 1 et 2.

On a pensé généralement que les petites cuillières de différentes formes et matières qui se découvrent assez communément, servoient dans les sacrifices à répandre sur le feu sacré l'odeur et les parfums. Celles de ces numéros sont d'ivoire et de formes ordinaires; on en trouve aussi de cette matière dans les catacombes des environs de Rome; elles sont rondes et plates, et paroissent avoir servi à donner la communion dans les premiers tems de l'Église.

N°s. 3 et 4.

L'une de ces cuillières, n°. 3, est en bronze argenté, l'autre en argent doré; la première prouve que les Romains connoissoient l'étamage; j'en ai une autre toute semblable, et trouvée dans le même endroit.

Le n°. 5 est en bronze, et n'est curieux que par la pomme de pin qui le termine; c'est le manche d'une petite cuillière à sacrifice.

N°s. 6 et 7.

Le père Kircher, Montfaucon, Musellius, etc., d'autres antiquaires, ont rapporté des ustensiles semblables à ceux-ci, et les ont regardés comme des instrumens de chirurgie, des espèces de sondes.

(119)

On attribue à Cadmus l'invention de l'écriture; il est cependant vraisemblable qu'il apprit cet art des Égyptiens,
et qu'il le communiqua aux Grecs. On se servit, dans les commencemens, du bois, du plomb et de la pierre, pour y graver les évènemens dont on vouloit conserver le souvenir;
mais on les abandonna, ainsi que le marbre, l'airain et le
fer, que l'on consacra aux monumens, et on employa des
feuilles d'arbres; on y substitua bientôt cette couche lisse et
simple qui se trouve entre l'écorce et le bois des arbres, et
que l'on nommoit *liber*, d'où nous est venu le nom de
livre. On employa aussi des tablettes légèrement enduites de
cire, sur lesquelles on traçoit les caractères avec des poin-
çons ou styles; enfin, on inventa le papier, qui prit son nom
du papyrus, espèce de roseaux qui croissoient dans les marais d'Égypte. Eumène de Pergame inventa presqu'en même
tems le parchemin (*pergamenum*), qui fut ainsi appelé
du nom de la ville qu'habitoit son inventeur.

Les styles que j'ai fait dessiner sous ces numéros sont de
ceux avec lesquels on traçoit des caractères sur les tablettes
enduites de cire; les uns étoient pointus des deux bouts,
comme le n°. 9, qui est remarquable par son élégance;
d'autres, comme les n°s. 10 et 11, étoient pointus par un
bout, et applatis par l'autre, ce qui servoit à effacer l'écriture. Il y en avoit encore dont un bout se trouvoit creux et
alongé, pour y faire fondre la cire dont on enduisoit les tablettes : tous ces styles étoient de bronze ou d'ivoire.

On pourroit regarder comme des instrumens de ce genre
plusieurs des styles qui sont dans la seconde partie de cette
planche; mais j'ai des raisons particulières de penser qu'ils

ont été employés à un autre usage, et je m'étendrai davantage à cet égard, lorsque je parlerai des poteries.

Le n°. 25 est une épingle de tête; outre les objets qui
sont contenus dans les cinq premières planches, j'en ai recueilli
beaucoup d'autres, que leur peu d'importance ou la difficulté
d'en assigner l'emploi m'a empêché de rapporter.

PLANCHES VI *et suivantes jusques et compris*
le N°. 19.

De toutes les substances qui ont été employées par les
anciens, l'argile a dû être la première, parce que c'étoit la
plus propre à être travaillée; elle est ductile lorsqu'elle est
humide, durcit en séchant, et se polit sous le doigt. Cette
matière est très-abondante et de la plus grande importance
sur le globe, puisque sans elle, l'homme seroit presque privé
d'eau douce. Sa principale propriété est de s'imbiber et de
garder l'eau; elle devient impénétrable à ce liquide lorsqu'elle
est en grande masse, et chargée d'un poids considérable.
L'eau de la pluie filtre au travers de la terre superficielle et
pénètre jusqu'à l'argile qui l'arrête; pour peu qu'il se trouve
de pente, elle y coule, et va former les fontaines, les ruis-
seaux, les rivières et les fleuves.

Plus l'argile est pure, plus elle durcit après avoir été pétrie;
elle ne fait effervescence avec les acides, qu'autant qu'il s'y
trouve des matières calcaires; elle durcit au feu, suffisamment
pour étinceler sous le briquet; mais réduite en poudre, on ne
peut de nouveau la rendre ductile. On l'empêche de se fendre
à la cuisson, en y mêlant du sablon. La cuisson, poussée à un
certain degré, forme la brique, qui n'est plus susceptible de
ductilité, ni d'imbibition; avec un feu plus fort, on convertit

l'argile en émail, mais il est impossible de la vitrifier : l'alcali des cendres la rend fusible.

Toutes ces propriétés augmentent ou diminuent selon les proportions, les formes et le volume des parties constituantes de l'argile ; elles ne se trouvent réunies que dans ce mixte terreux le plus pur, et que l'on obtient seulement dans les laboratoires de chimie, après des opérations longues et successives ; les argiles que l'on tire de la terre, sont toujours plus ou moins mélangées de sable, mica, bitume, matières calcaires, sulfures de fer, terres métalliques, etc. Macquer, célèbre chimiste, a éprouvé plus de huit cens variétés d'argile, dont aucune ne s'est trouvée tout à fait pure.

On distingue l'argile en trois sortes : la première, qui est infusible, s'emploie pour les pots de verrerie et les pipes à fumer ; la seconde, qui est en partie fusible, sert pour la porcelaine, pour la poterie d'Angleterre et la poterie de grès ; la troisième, entièrement fusible, dont on fait la poterie commune, la faïence, les carreaux, la tuile et la brique.

Les argiles que l'on emploie le plus ordinairement pour les poteries communes, contiennent principalement de l'alumine et de la silice, qui en sont les bases et les seules parties que l'on calcule ; cependant le mélange de la chaux, des sulfures de fer, de la magnésie, de la baryte, des sels, des gaz, du carbone et autres matières, quoiqu'elles s'y trouvent en moindre proportion, n'est jamais indifférent dans leur emploi.

On trouve abondamment dans les environs de Paris, des substances propres à la fabrication des ouvrages de terre cuite ; les principales sont :

1°. L'argile de Vanvres, qui se rencontre encore à Arcueil, Gentilly, la Glacière, Vaugirard et Issy. Elle est d'un gris bleuâtre, très-fine et très-ductile, mais souillée de beaucoup de matières pyriteuses plus ou moins décomposées. Lorsqu'elle est purgée de ces sulfures, elle devient propre aux poteries communes et aux grès, elle devient rouge à la cuisson; les potiers l'appellent glaise.

2°. L'argile de Montmartre, qui est verdâtre, moins ductile et moins fine que celle de Vanvres; elle couvre presque toutes les hauteurs des environs de Paris.

3°. L'argile de Ménil-Montant, qui est une marne d'un blanc jaunâtre ou gris bleu.

On emploie ces deux dernières sortes pour les briques, carreaux, faïences, etc.

4°. Le sable de la Pologne, au bout de la rue de Miromesnil; il est fin et un peu terreux, et a la couleur du soufre; on le nomme vulgairement terre à four; il s'en trouve aussi beaucoup à Picpus.

5°. Un sable jaune ocracé, appelé sable de Belleville; cette dernière substance s'emploie dans les poteries communes avec l'argile de Vanvres.

Dans tous les tems on a fabriqué à Paris beaucoup de poteries communes; il y a aussi quelques manufactures de faïence et de porcelaine.

L'argile, par sa facilité à se pétrir, à se mouler et à aller sur le tour, a dû être employée dans les tems les plus reculés. On attribue à Prométhée l'art de modeler, et on le représente formant un homme avec de la boue, c'est-à-dire de la terre; on a fait pendant très-long-tems des statues d'argile, et au tems de Pausanias, on voyoit des divinités formées de cette matière, et qui étoient placées dans les temples (1). Celui de Bacchus à Athènes, étoit orné d'un ouvrage en terre cuite, qui représentoit le roi Amphictyon, recevant à sa table,

(1) Vinkelmann, *Histoire de l'Art*, t. 1, p. 25. (Pausan. L. 1. P. 7 L. 15.)

Bacchus et d'autres dieux. L'un des portiques de cette ville célèbre se nommoit le *Céramique*, du grand nombre d'ouvrages d'argile qui le décoroient (1). On a trouvé dans les fouilles de Pompeïa, quatre statues de terre cuite et un buste; il paroît que l'on peignoit quelquefois en rouge ces statues, et on se servoit pour cela du minium, dont on aimoit la couleur éclatante. Souvent les figures des momies, qui sont sculptées sur les caisses dans lesquelles les Égyptiens renfermoient leurs morts, sont aussi peintes de cette couleur; les Indiens ont conservé cette pratique à l'égard de leurs idoles.

Dans tous les tems l'argile fut la première matière employée par les artistes, soit pour des ouvrages en relief, soit pour des vases peints. Les frises des temples étoient en terre cuite, et on multiplioit ces ouvrages en les moûlant, ce qui est prouvé par la quantité de monumens absolument semblables, qui nous sont restés de cette matière. Mais il paroît qu'avant d'appliquer ce genre de travail aux objets d'ornement et d'agrément, on s'en est servi d'abord pour les besoins ordinaires de la vie; ainsi l'art du potier a dû précéder celui du sculpteur.

Les vases de terre ont été en usage chez tous les peuples, pour les besoins publics et privés. On les employoit au service des autels, au culte des morts, etc. ; les formes en ont été

(1) Vinkelmann , *Hist. de l'Art.*, tom. 1 , pag. 15.

M. Carlo-Fea, dans une note de cette même page , dit que le nom de céramique donné à l'un des quartiers d'Athènes où se trouvoient plusieurs autres portiques, venoit de Ceramus fils de Bacchus et d'Ariane , et non de la quantité d'ouvrages en argile qui décoroient l'un de ces portiques. Suivant Pline cet endroit fut ainsi appelé parce que Calcosthène y avoit un atelier d'ouvrages de ce genre. Cicéron parle aussi du Céramique, et dit que de son tems il y avoit une statue de Crisippe. Il fait encore mention d'un autre endroit appelé de même, situé hors des murs d'Athènes, et qui étoit destiné aux statuaires.

multipliées à l'infini, et cette variété empêche bien souvent de connoître la destination particulière de plusieurs de ceux qui nous sont parvenus. La salubrité et le bas prix des vases de terre ont dû contribuer à en conserver long-tems l'usage ; aussi s'en servit-on, surtout dans les cérémonies religieuses, même après que le luxe eut introduit l'usage des vases de différens métaux, qui obtinrent une grande préférence dans toutes les pratiques de la vie ordinaire.

Il nous reste une grande quantité de vases de terre de différentes sortes : les uns précieux par leur matière, par les sujets qu'ils représentent et la beauté de leurs formes ; les autres plus communs, et n'ayant d'autre mérite que leur antiquité, ou les usages auxquels ils ont été employés.

Les vases les plus renommés et les plus intéressans, sont ceux que l'on a long-tems appelés *vases étrusques*. On les trouve principalement dans la Campanie et aux environs de Naples. Deux antiquaires toscans, Buonarotti et Gori, avoient accrédité la fausse opinion que ces poteries étaient des ouvrages étrusques, afin d'illustrer leur pays. Il est bien reconnu aujourd'hui que ces vases appartiennent aux Grecs. On en trouve de toutes les formes et de toutes les grandeurs, depuis les plus petits qui servoient de joucts aux enfans, ou qui étoient consacrés aux dieux pénates dans les laraires, jusqu'aux plus grands qui portent quatre à cinq palmes de hauteur (1). Ces vases servoient dans les jeux publics, dans les sacrifices et aux funérailles. Il y en avoit qui étoient spécialement destinés à orner les appartemens ; ils sont quelquefois unis, et le plus souvent couverts de peintures dont les sujets

(1) Le palme romain étoit de quatre doigts, et formoit la quatrième partie du pied romain ancien. Les Grecs avoient deux sortes de palmes ; le grand qui étoit de douze doigts, et le petit qui étoit de quatre, comme le palme romain.

les plus ordinaires ont rapport aux fêtes et aux mystères de
Bacchus. On y voit aussi des sujets mythologiques et héroïques
aussi importans que curieux.

On croit que ce genre de poterie a été travaillé en Grèce
dans des tems très-anciens, et apporté dans la Grande-Grèce
et la Sicile, par les colonies qui vinrent s'y établir, et d'où
ce goût se répandit ensuite dans toute l'Italie.

Montfaucon, Passeri, Hamilton, Vinkelmann et Caylus,
ont publié des vases grecs, et sont entrés dans des détails
intéressans sur leur fabrication et sur les procédés que l'on
employoit pour les peindre.

Sur la plupart de ces vases, les figures sont peintes, ou
plutôt la couleur des figures a été réservée sur le fond même
ou sur l'argile dont ils sont composés, et qui est très-fine.
C'est une terre dont on a eu soin de séparer, par le lavage,
le sable et les parties grossières. Les figures sont ordinairement rouges sur un fond noir, et plus rarement noires sur
un fond rouge. Ces dernières annoncent une fabrication plus
ancienne; quelquefois les sujets sont rehaussés de blanc, mais
cette couleur paroît avoir été appliquée après la cuisson, car
elle n'a pas de tenue, et s'enlève aisément. Les sujets sont
dessinés au trait et indiqués par des lignes qui forment le
contour ou l'esquisse des figures. Le dessin en est toujours
correct et régulier, et la manière, en général, large et hardie.
Il est à remarquer que jamais on ne trouve de vases dont les
peintures soient absolument semblables, quoique les mêmes
sujets s'y trouvent fréquemment répétés, mais toujours avec
des différences. L'exécution de ce travail a dû présenter de
grandes difficultés ; il falloit surtout que le contour fût tracé
rapidement sur l'argile, et l'artiste ne pouvoit, par conséquent,
ni se corriger ni se reprendre.

Les argiles que l'on employoit dans la fabrication des vases grecs étoient de deux sortes, l'une blanche et l'autre noire ; on se servoit plus rarement de cette dernière, et on teignoit l'autre d'une couleur rouge, avant la cuisson, pour produire un effet plus agréable.

On formoit vraisemblablement les vases sur le tour ou sur la roue, comme cela se pratique encore aujourd'hui ; on leur donnoit ensuite une première cuisson très-légère, et on y appliquoit la couverte (1) au pinceau comme on fait pour les émaux. Lorsque cette couverte étoit sèche, le dessinateur y traçoit ses contours. On a pensé qu'il se servoit, pour cette première opération, de patrons ou lames de cuivre très-minces et susceptibles de toutes les formes ; mais ce procédé qui auroit pu convenir dans quelques cas, n'auroit pu s'employer lorsque les sujets des vases étoient très-compliqués. Après avoir ébauché les figures, l'artiste enlevoit la couverte noire avec un outil tranchant, et laissoit à découvert le fond rouge qui formoit le dessin.

Tous les vases grecs n'ont pas été fabriqués avec le même soin, et on y remarque de grandes différences dans l'exécution des sujets, dans la manière plus ou moins égale dont la couverte est appliquée et dans l'éclat de la couleur du fond ; il s'en trouve aussi dans la finesse et dans la légèreté de la terre. Plusieurs de ces différences proviennent des manufactures, dans lesquelles ces ouvrages étoient travaillés avec plus ou

(1) La couverte des vases grecs, est une terre bolaire très-martiale, ou manganèse, dite *manganesia vitriariorum* ; elle prend à la cuisson une couleur rouge très-foncée ; mais on peut lui en donner d'autres très-facilement, en y mêlant des couleurs ou d'autres terres. (Caylus, *Rec. d'Antiq.*, tom. 1, p. 87.) L'oxide de manganèse mêlé au cobalt, au fer et au cuivre, donne une couleur noire.

moins de perfection. Celle de Nola l'emportoit sur toutes les autres, pour la finesse de la terre et l'éclat de la couverte.

Les vases grecs sur lesquels se trouvent des sujets, sont beaucoup plus recherchés que ceux qui sont d'une couleur noire unie et sans figures. Cependant ces derniers ont leur mérite; l'élégance et la variété de leurs formes, la légèreté de la terre, et l'éclat du vernis, les font placer aussi dans les collections, comme des monumens précieux. Lorsqu'il s'y trouve des noms ou des inscriptions, ce qui est très-rare, ces vases n'ont pas de prix (1).

Ces monumens sont d'une grande utilité aux antiquaires et aux artistes; les peintures de ces vases étant pour la plupart dans le plus ancien style grec, retracent les traditions les plus anciennes. On y retrouve des costumes et des usages inconnus. Les artistes peuvent y puiser des sujets de composition neufs et variés, et les savans la matière de dissertations aussi curieuses qu'importantes.

Dans tous les tems on a recueilli les vases grecs avec passion; les princes en ont rassemblé de riches collections, et quelques particuliers en possèdent aussi en assez grand nombre. Les collections les plus considérables sont : en Italie, celles du roi de Naples et du Vatican; en Sicile, celle du marquis Vincenzio; en Angleterre, celles du Musée britannique, de MM.

---

(1) Les vases campaniens portent très-rarement des inscriptions. On y remarque quelquefois le mot καλός beau, seul ou joint à un nom propre. Un des vases avec inscription, les plus curieux, est celui qui a été tout récemment découvert dans les ruines de *Pestum*, l'ancienne *Possidonia*; il représente l'arrivée d'Hercule au jardin des Hespérides. Outre le nom du peintre *Aristeas*, on y lit encore ceux des principaux personnages qui y sont représentés. M. Serafini, Sicilien, membre correspondant de l'Institut de France, a lu dans la séance du 21 février 1806, un Mémoire très-bien fait, sur cette intéressante découverte.

Hoppe et Townley. Il y en a une belle à Dresde ; et en France, les principales sont celles du Musée Napoléon , de la Malmaison , du duc de Berg , de la bibliothèque impériale , et de la manufacture de Sèvres. Il s'en trouve encore quelques petites collections isolées chez des particuliers. On jouira dans quelque tems de l'ensemble de la belle suite impériale de ces vases, lorsqu'elle sera exposée dans les salles que l'on dispose au Louvre, pour y réunir les chef-d'œuvres des arts.

Après les vases campaniens , la poterie antique la plus curieuse est celle que l'on trouve abondamment partout où les Romains ont été , et dont on a recueilli d'innombrables fragmens dans les jardins du Sénat. Il paroît. qu'il y a eu à Paris , pendant une longue suite d'années, une manufacture de cette poterie ; car on en découvrit aussi une grande quantité en creusant les fondations de la nouvelle église Ste.-Geneviève (le Panthéon).

Voici ce que rapporte à ce sujet M. de Caylus (*Recueil d'antiquités*, tome 3 , page 402 et suivantes, Planche CXI.)

» Lorsque l'on commença à creuser les fondations de la nouvelle église Ste.-Geneviève , les fouilles produisirent nombre de monumens de l'antiquité , entre autres une prodigieuse quantité de fragmens d'une poterie d'un beau rouge, revêtue d'une couverte très-brillante et ornée en grande partie de dessins plus ou moins recherchés, mais très-variés. On découvrit un grand nombre de puits sans revêtissemens, d'où paroissoient seulement avoir été tirées des terres , et plus ou moins profonds, selon la disposition des veines de ces terres propres à être travaillées. Plusieurs de ces puits étoient poussés jusqu'au roc qui, dans quelques endroits , descendoit à 75 pieds de profondeur. On reconnut aussi à 15 pieds de la surface du terrein, plusieurs âtres de fours qui sans doute avoient servi à la cuisson des ouvrages, et dont le sol paroissoit être celui du tems où ils avoient été construits. On conjectura d'après ces découvertes, et la prodigieuse quantité de terres qui avoient été employées, qu'il avoit existé sur cette hauteur une manufacture de poterie très-considérable, et qui s'étoit soutenue pendant un long espace de tems. Le goût du travail des fragmens recueillis annonçoit une grande intelligence et beaucoup de recherches dans l'exécution ; on trouva peu de morceaux entiers, mais ils étoient travaillés avec une délicatesse rare dans les ouvrages des anciens peuples du Nord. On crut aussi reconnoître que l'on faisoit dans ce même endroit des briques dont on recueillit des morceaux qui avoient la forme et les proportions que, suivant Bonnani (1), les Romains donnoient aux leurs.

Cette manufacture employoit deux sortes de terres, l'une d'un blanc gris, avec une couverte noire très-égale ; l'autre d'un beau rouge d'un grain fin et serré, avec un vernis de même couleur, très-égal, très-brillant, et auquel celui des étrusques ne peut être comparé ; leurs fabriques ont cependant dû servir de modèles à toutes celles de ce genre qui furent établies dans les Gaules par les Romains.

M. de Caylus ajoute à ces détails, que la finesse et la légèreté du tour paroissent avoir été le principal mérite de cette manufacture du mont *Locoticius*, et que rien n'est mieux entendu, ni mieux exécuté que l'arrangement des moulures et des ornemens de ces poteries.

On ne trouva des dessins en relief que sur la terre rouge, et aucuns sur la terre noire. Je ne suis pas du même avis que le savant auteur que je viens de citer, lorsqu'il dit qu'en

(1) *Templum Vaticanum*, pag. 54.

17

général, ces ouvrages étoient inférieurs à ceux que l'on faisoit à Nismes. J'ai trouvé à Paris des morceaux d'une perfection qui ne laisse rien à desirer, et à laquelle je n'ai pu comparer aucun des nombreux fragmens que je possède, et qui ont été trouvés en Italie et en France.

On recueillit dans les mêmes fouilles un outil d'ivoire, qui, selon M. de Caylus, avoit dû servir non-seulement à pousser sur le tour des filets autour des vases, mais encore à retoucher et réparer sur les pièces les défectuosités qui pouvoient s'y rencontrer.

En vuidant les décombres pour remplir les puits, on trouva beaucoup de médailles, la plupart du haut empire, en bronze et en argent; elles étoient éparses dans le terrein, ce qui empêchoit de les regarder comme un dépôt de l'avarice ou de la crainte; la seule qui soit citée, et qui fut découverte dans l'un des puits, est un petit bronze, ayant d'un côté la tête d'Auguste, et de l'autre l'autel de Lyon.

M. de Caylus conclut, principalement d'après cette médaille, que la manufacture de poterie dont il parle existoit dès le tems de Tibère (1); il rappelle à l'appui de cette conjecture les pierres qui furent trouvées en 1711 dans le chœur de l'église Notre-Dame, et qui portoient une inscription faite sous le règne de ce prince; il incline même à attribuer au siècle de cet empereur les formes et abbréviations des caractères qui composent les noms des potiers que l'on rencontre dans le fond de la plupart de ces vases. Ces noms sont tous latins, et il se trouve dans plusieurs un mélange de lettres grecques.

Tout ce que je viens de rapporter, et qui est extrait de ce

(1) J'espère donner d'autres preuves de l'existence pendant plusieurs siècles de cette manufacture. (Voy. la note ci-après, page 132.)

que M. de Caylus a écrit sur les fouilles du Panthéon, peut, aux puits près, s'appliquer aux découvertes faites dans les jardins du sénat. D'après ce que ce savant antiquaire a dit des travaux qu'occasionnèrent les constructions des fondations de ce vaste édifice, j'avois d'abord pensé qu'une partie des décombres de ces fondations avoit peut-être été transportée dans les jardins du sénat ; cela paroissoit même assez vraisemblable, puisqu'il y avoit sur la terrasse parallèle à la ruë d'Enfer environ 11 pieds de terres rapportées, et que c'étoit dans cette partie principalement que l'on avoit recueilli la plus grande quantité de fragmens de vases ; dans ce cas, mes découvertes auroient eu le mérite de faire suite à celles de M. de Caylus, et j'aurois suppléé au silence qu'il a gardé sur les types du grand nombre de médailles qu'il dit avoir été recueillies au Panthéon. Mais je me suis assuré, par le témoignage des ouvriers qui furent employés à ce transport, que les décombres qui ont été apportés de Sainte-Geneviève dans le jardin dit alors du Luxembourg ont tous été conduits dans la grande allée de l'ancienne plantation, qui fut considérablement exhaussée. On n'a fait aucuns travaux dans cette partie lors des derniers changemens, sinon quelques tranchées, qui n'ont donné lieu à aucune découverte.

Les antiquités que j'ai recueillies dans les jardins du sénat appartiennent donc bien au sol dans lequel elles ont été trouvées ; j'en ai vu sortir indifféremment de toutes les parties du terrein qui, dans quelques endroits, a été fouillé à plus de vingt pieds de profondeur ; j'en ai découvert jusque dans la terre qui étoit à quelques pieds au-dessous de l'ancien sol, et qui n'avoit pas été remuée depuis plusieurs siècles.

On a aussi trouvé sur la terrasse parallèle à la rue d'Enfer, des restes de constructions fort anciennes, faites en
pierres de taille d'un très-gros volume ; deux puits que l'on
a eu la maladresse de combler sans songer à les fouiller ; et
quatre à cinq bassins d'environ deux pieds de profondeur,
de forme irrégulière, et très-rapprochés les uns des autres.
Peut-être ces bassins servoient-ils à pétrir les terres molles
avec lesquelles on formoit les poteries dont les innombrables
fragmens couvroient les environs ; c'est aussi dans le voisinage de cette terrasse que fut découvert le pavé circulaire
en mosaïque dont j'ai déjà parlé, et qui fut impitoyablement brisé et jeté dans les decombres. Je ne pense pas à cette
destruction sans éprouver de nouveaux regrets de n'avoir pu
l'examiner au moment de sa découverte, et sauver ce monument sur lequel il a fallu me contenter de quelques renseignemens bien peu satisfaisans.

Tout cela vient à l'appui de l'opinion de M. de Caylus sur
l'existence d'une manufacture de poterie, qui a dû se soutenir pendant un long espace de tems, et dont les ateliers
couvroient toute la hauteur Sainte-Geneviève ; ces établissemens paroissent prouvés par les fouilles du Panthéon,
l'immense profondeur des puits, d'où l'on tiroit les terres qui
servoient à cette fabrication, et par le nom de clos aux poteries que portoit il y a peu de tems encore un terrein voisin de Sainte-Geneviève, et qui s'étendoit jusqu'au bas du
Monticule, où passoient autrefois les chemins d'Issy, Vauvert
et autres lieux (1).

(1) Lors même que l'existence pendant plusieurs siècles d'une manufacture de
poterie sur la montagne Sainte-Geneviève, ne seroit pas prouvée par les découvertes de puits immenses et d'autres vestiges de cette fabrication qui furent
faites en creusant les fondations du Panthéon, on pourroit citer à l'appui de

Les fragmens de poterie en terre rouge ferrugineuse qui ont été recueillis dans les jardins du sénat sont immenses, et cependant, il est certain qu'une plus grande quantité a été enfouie de nouveau, soit dans la chaussée de la pépinière, soit dans les différentes parties du jardin où le terrein a été élevé. On ne s'étoit pas occupé de ces tessons dans les commencemens des travaux, ce qui fut cause que l'on en perdit beaucoup; on ne les conserva que lorsque quelques amateurs se furent avisés d'y attacher un mérite de curiosité (1).

cette opinion, ce que plusieurs auteurs, qui ont écrit sur l'antiquité de Paris, ont rapporté.

La rue des Postes est très-voisine du Panthéon; elle commence à l'Estrapade et finit à la rue de l'Arbalète. Sauval, tom. 1, pag. 159, dit qu'elle se nommoit anciennement rue Saint-Séverin, et qu'on lui donna aussi le nom de rue des Poteries, parce que quantité de potiers de terre s'y étoient d'abord établis, et y avoient fait et vendu de la poterie. L'abbé Lebeuf, tom. 1, pag. 160, pour appuyer son opinion sur la rue de l'Orcines, appelée aujourd'hui de l'*Ourcine*, qu'il dit être l'ancien *Locus Cinerum*, mentionné dans les cartulaires de Sainte-Généviève, ajoute que dans ce quartier on avoit découvert ou transporté des terres propres à faire de la poterie. Que la rue Solitaire, appelée d'abord *Vicus Sancti Severini* avoit aussi porté le nom de rue Poterie-Saint-Severin, et qu'il seroit possible que le nom de rue des Postes eût succédé à celui de rue des Pots. Ne seroit-il pas plus naturel de penser que cette dernière dénomination venoit des potiers établis dans cette rue, plutôt que de la redevance du tiers-pot qui se payoit par les métayers de ce quartier? Jaillot étoit de ce dernier sentiment. (Voy. quartier Saint-Benoit, pag. 199.) Il y avoit dans le faubourg Saint-Jacques, à côté du passage des Ursulines, une rue de Paradis qui avoit anciennement porté le nom de Ruelle des Poteries.

(1) M. d'Hinisdal, neveu du célèbre naturaliste Dolomieu, fut le premier qui ramassa de ces poteries. Frappé de leur éclat, il en parla à son oncle, qui lui dit que ce genre de terre étoit curieux, et méritoit l'attention des Savans, et qu'il se proposoit lui-même de l'étudier et de l'analyser. Il s'établit alors une concurrence entre M. d'Hinisdal et moi; mais comme il ramassoit tout, il en a rassemblé chez lui de quoi remplir un tombereau. C'est sur cette immense quantité que j'ai choisi ce qui m'a paru mériter quelqu'intérêt, pour le publier.

On n'a pu rencontrer aucune pièce parfaitement conservée; et c'est d'après des profils seulement, que j'ai fait restituer les jolies coupes qui remplissent ou font partie de diverses planches.

Le choix de fragmens que je rapporte peut donner une idée de la variété singulière des dessins et des ornemens qui décoroient ces vases, et dans lesquels les artistes trouveront des motifs et des sujets qui leur seront de quelque utilité. Il est à remarquer que sur une quantité prodigieuse de ces fragmens, qui sont couverts de dessins, il n'y en a presque aucun de semblable; la même variété n'existe pas dans les formes qui se réduisent à peu près à celles que j'ai fait dessiner.

La suite curieuse de médailles trouvées dans les fouilles, et dont je donnerai le détail, est la dernière preuve que j'apporterai de l'activité soutenue de la manufacture de Paris, depuis les premiers tems où les Romains s'emparèrent de cette ville, jusqu'à ceux où la décadence de l'empire d'occident leur enleva cette conquête. Elle passa alors à de nouveaux habitans, qui ne purent s'y établir avec sûreté qu'après des guerres sanglantes, pendant lesquelles, et long-tems après, les arts furent tout à fait négligés dans cette capitale.

Je reviens aux poteries qui paroissent avoir servi principalement pour la table; j'ai remarqué qu'en général, ces vases pèchent par leur base; ou son étendue n'est pas proportionnée au volume de la pièce, ou elle manque d'assiette; ce qui rend les vases presque tous versans: plusieurs ont aussi le défaut de gauchir.

J'aurois bien voulu donner ici une analyse exacte de cette poterie, dont je m'étonne que les savans ne se soient pas occupés davantage. Plusieurs chimistes habiles ont cependant fait sur ce genre de terre, et sur la nature de sa couverte, plusieurs expériences dont les résultats n'ont pas été couronnés d'un entier succès. Le savant Dolomieu avoit eu l'intention de faire des recherches particulières sur la poterie romaine; et, d'après un premier examen, il avoit cru reconnoître que la couverte de ces vases n'étoit pas métallique, mais que c'étoit seulement la surface de l'argile vitrifiée. On a trouvé dans le voisinage des âtres ou bassins dont j'ai parlé un amas de sable rougeâtre, que peut-être on employoit avec l'argile pour aider à sa vitrification. Au surplus, cette terre, dont le grain est singulièrement fin et serré, doit être très-abondante et très-répandue, puisque, suivant toute apparence, les Romains ont établi des manufactures de ces poteries dans tous les endroits un peu considérables où ils ont séjourné.

Ces ouvrages ont beaucoup de rapport avec les vases qui viennent de la Chine, et avec ceux de Bocaraut, en Espagne, qui sont d'un bol très-fin, mêlé avec du sable broyé.

Toutes les pièces ne sont cependant pas d'une égale beauté, soit pour l'éclat du vernis, soit pour la finesse du grain, les nuances et la densité de la pâte; les ornemens et les dessins y présentent aussi plus ou moins de perfection. En faisant une revue un peu détaillée des planches qui contiennent des fragmens de vases, je ferai remarquer plus particulièrement ces différences; l'œil peut, au surplus, les saisir aisément, m'étant attaché à faire copier chacune des pièces avec la dernière exactitude, sans chercher à rien embellir ni rectifier.

Les ornemens qui sont sur les poteries rouges consistent en moulures, dont les cordons et les gorges sont bien arrondis, et les angles très-vifs; et en frises, le plus souvent dé-

corées d'oves et de guillochis; on voit dans quelques-unes, des
fleurs, des fruits, ou des rinceaux, exécutés d'après nature;
des combats, des chasses, des pêches, des courses, des danses,
des divinités; enfin, tous les sujets en sont aussi variés que
curieux.

Une des choses les plus remarquables dans ces poteries,
c'est que la plupart des fonds de vases portent à leur surface
intérieure une empreinte ou marque de différentes formes,
et dont les lettres sont en relief. Elles indiquent le nom
du manufacturier ou du potier qui les a fabriqués; ces marques
se trouvent encore, mais plus rarement, sur le corps même
du vase; on y voit aussi assez souvent des noms ou des chiffres
qui y ont été gravés avec un outil tranchant, et après la
cuisson.

Outre les fragmens de poterie rouge, on en a aussi découvert dans les jardins du sénat de plusieurs autres espèces,
entr'autres d'une terre grisâtre revêtue d'une couverte noire,
très-égale, et aussi belle que celle des vases grecs; les vases
de cette matière étoient en général unis; ou, s'il s'y trouvoit des ornemens, ils étoient très-légers, et toujours en
creux. Leurs fonds portoient aussi la marque du potier qui
les avoit fabriqués.

D'autres fragmens étoient d'une terre rouge terne, mêlée
de mica, ou couverte d'un vernis métallique, irisé. On a encore recueilli une grande quantité de vases et de fragmens
d'une terre commune, rouge ou blanche, sans couverte, et
d'un tissu assez lâche; j'ai réuni dans la planche IX les vases
de ce genre qui se sont trouvés conservés; ils ressemblent,
pour les formes et la qualité de la terre, aux poteries que
l'on trouve assez fréquemment dans les environs de Mayence,
d'où l'on m'en a envoyé plusieurs.

Enfin ces travaux ont fait découvrir une très-grande quantité de briques à rebord, de différentes dimensions, mais
toutes incontestablement de fabrique romaine (1).

Je reviens à la Planche V, dans laquelle j'ai rassemblé les
styles en ivoire et en os, que je crois avoir servi dans la fabrication de la poterie. J'ai recueilli un nombre assez considérable
de ces styles, mais je me suis borné à rapporter ceux dont la
forme présentoit quelque variété. L'os n°. 13 a certainement
servi d'ébauchoir ; son extrémité est usée et polie par le frotte-
ment, et c'est ce qui a contribué à sa conservation. Je ne doute
nullement que ces styles n'ayent été employés, comme l'a pensé
très-judicieusement M. de Caylus (2), à pousser avec le tour
des filets et des gorges sur les poteries. L'examen seul de ces
outils, dont les pointes varient de forme et de grosseur, ainsi
que l'autre extrémité qui est arrondie ou allongée, suffit pour
confirmer cette opinion. On devoit s'en servir aussi pour réparer les dessins que l'on avoit mprimés sur les vases au moyen
des moules. Les n°ˢ. 15, 18 et 21 sont de formes très-répétées
parmi les styles que j'ai recueillis. J'ai vu dans une manufacture
de poterie, rue de Charonne, dans laquelle on fabrique des

(1) Les principaux endroits en France où l'on a découvert des poteries
romaines en terre rouge, sont : le Châtelet près Saint-Dizier (Voy. les *Bulletins
de ces fouilles*, par Grignon, 1772 et 1774) ; Bavay ; Bratuspantium (Voy. la
Description du département de l'Oise, par M. de Cambry) ; Saint-Nicolas près
Nancy ; Clermont-Ferrand ; Autun ; Chalons-sur-Saone ; Lyon ; Nîmes ; Vienne ;
Paris ; Arles ; Bordeaux ; Bayeux, etc. Tout récemment on a aussi recueilli un
grand nombre de vases de ce genre, à Labathie-Mont-Saléon, département des
Hautes-Alpes, dans des fouilles faites par ordre de M. Ladoucette, préfet de ce
département, sur le sol d'une ancienne ville romaine, que l'on croit avoir porté
le nom de *Mons Seleucus*. Il a été fait, en 1805, un rapport à l'Institut sur les
antiquités trouvées dans les fouilles, trop promptement abandonnées, car elles
promettoient une abondante récolte de monumens antiques.

(2) *Rec. d'Antiq.*, tom. 3, pag. 402.

vases d'ornement, les ouvriers employer des outils presque semblables à ceux-ci, pour modeler et réparer les dessins de leurs pièces.

On avoit bien soupçonné que les Romains ornoient leurs poteries de dessins en relief, au moyen de moules qui servoient à les imprimer sur la terre molle (1). On réparoit ensuite avec l'ébauchoir, les bavures et les défectuosités ; mais aucun auteur n'avoit, au moins que je sache, publié ces moules. Je dois à la complaisance de M. Vautrin de Nancy, membre de plusieurs sociétés savantes, trois portions de moules antiques dont j'ai fait graver les deux plus intéressans (Planche XVII, nᵒˢ. 2 et 3.) Ils sont en terre cuite, d'un grain assez fin, sans couverte ; mais ils paroissent avoir été enduits intérieurement de quelque matière grasse, sans doute pour empêcher le moule de s'attacher

(1) M. Vautrin découvrit, il y a déjà quelques années, dans le voisinage de Nancy, les ruines d'une manufacture de poterie romaine ; il y recueillit une grande quantité de fragmens de vases en terre rouge, dont plusieurs avoient dans leur fond le nom du potier ; il y trouva de petits morceaux d'argile cuite, portant l'empreinte du pouce ou de l'index qui les avoit pressés ; des gâteaux en terre cuite, et des roues de même matière, percées au centre pour recevoir l'axe d'un tour, et à la circonférence pour recevoir des chevilles ; des fragmens de moules empreints en creux des mêmes figures qui se trouvoient en relief sur les vases ; enfin la moitié de la meule inférieure d'un moulin à bras, ainsi que des briques à rebord, de 13 à 14 pouces de longueur sur 6 pouces et demi environ de largeur. Le terrein sur lequel étoit cette fabrique fournissoit l'argile qui l'alimentoit ; mais on ne découvrit aucun outil ni ustensile, ce qui fit conjecturer à M. Vautrin, que cet établissement fut abandonné par ses habitans, au moment de quelqu'incursion des barbares qui inondèrent les Gaules à différentes époques. Il a eu l'extrême complaisance de m'envoyer copie du rapport qu'il a fait à l'académie de Nancy, sur cette découverte, et il y a joint les moules que je rapporte, et plusieurs fragmens de vases. En général cette poterie m'a paru plus commune que celle de Paris, quoique les formes fussent les mêmes ; mais il y en avoit seulement six variétés, et j'en ai trouvé à Paris un bien plus grand nombre. (Voy. le *Bulletin politique et général de l'Europe*, du 5 janvier 1805.)

à la terre molle sur laquelle on l'appliquoit. Il y a sur la face
extérieure un rebord saillant, qui devoit faciliter à l'ouvrier le
moyen de retirer le moule, lorsque l'empreinte en étoit prise.
Ils étoient, à ce qu'il paroît, composés de plusieurs pièces que
l'on appliquoit alternativement autour du vase; souvent même
une portion du moule suffisoit lorsque le même sujet se répé-
toit de distance à autre sur la pièce , comme on en voit plusieurs exemples dans les Planches XVI, XVIII et XIX.

Il est à présumer que l'on employoit anciennement, comme
on le fait encore aujourd'hui, des types ou patrons de cuivre ,
avec lesquels on imprimoit en creux divers sujets dans les
moules que l'on faisoit cuire ensuite pour s'en servir. Peut-
être même ces modèles étoient-ils faits en Italie, ainsi que les
moules, d'où on les transportoit dans toutes les provinces de
l'Empire; car il n'est pas probable qu'il y eût dans des villages
et dans tous les lieux où s'établissoient, souvent momentanément, des fabriques de poterie, des artistes capables de composer et d'exécuter des dessins aussi variés. Ce qui vient à
l'appui de mon opinion, que ces modèles sortoient d'un même
endroit, c'est que les mêmes ornemens , les mêmes sujets, et
quelquefois des parties seulement des mêmes dessins , se sont
trouvé répétés sur des vases découverts dans des endroits très-
éloignés les uns des autres; c'est ainsi que j'ai vu sur des fragmens venant de Pompeïa et des environs de Rome, des sujets
trouvés à Paris, à Lyon , à Vienne, à Bavay et au Châtelet.

Je place ici la description d'un fourneau faisant partie d'une
fabrique de poterie antique, qui fut découverte en 1778, près
de Clermont-Ferrand (1).

(1) M. Mossier, chimiste à Clermont-Ferrand , et amateur des arts , avoit
remarqué dans les environs de cette ville de nombreux fragmens de poterie
romaine ; il avoit reconnu dans les mêmes endroits les terres analogues à celles

Un cultivateur, en défrichant une portion de terrein près l'étang de Fontenille, canton de Lezoux, trouva un grand nombre de fourneaux, mais un seul étoit bien conservé ; il étoit composé d'un cendrier faisant aussi fonction de foyer , d'un laboratoire et d'une cheminée. Le cendrier étoit construit en briques, liées au moyen d'une argile grossière ; le laboratoire, d'une seule pièce en terre cuite, étoit très-renflé dans sa partie moyenne ; il avoit deux pieds et demi de diamètre sur une élévation un peu moindre ; une ouverture d'un pied et demi étoit pratiquée dans la partie qui reposoit sur le cendrier , et une autre ouverture se trouvoit à la partie supérieure pour recevoir une cheminée de deux pieds de hauteur ; cette cheminée étoit composée de deux tuyaux en terre cuite et d'égale longueur qui rentroient l'un dans l'autre, et étoient liés solidement au moyen d'un ciment coulé entre les parois de l'un et de l'autre ; l'ouverture de la cheminée avoit 6 à 7 pouces de diamètre.

On ne trouva, au surplus, autour de ces fourneaux aucun outil ni instrument ayant servi à la fabrication, mais

que l'on employoit dans la fabrication de ces poteries; il eut connoissance d'une manufacture qui fut découverte, dans un chemin qui conduisoit de la petite ville de Lezoux au château de Ligone, mais il eut le chagrin de ne pouvoir l'observer. Les ouvriers avoient tout détruit, tout nivelé, et 60 à 80 fourneaux, la plupart bien conservés, qui s'étoient trouvés sous une couche de 5 pieds de terre , avoient été renversés. Il fut plus heureux en 1778 , et recueillit d'après une nouvelle découverte faite dans ce même canton de Lezoux, les détails et les renseignemens qu'il a bien voulu me transmettre. J'en fais usage pour faire connoître la construction des fourneaux dans les anciennes manufactures de poterie. J'aurais bien desiré me procurer quelques échantillons des vases que l'on trouve dans le département du Puy-de-Dôme, et j'avois fait prier les deux seuls curieux qui en ont rassemblé à Clermont, de m'en céder quelques-uns ; mais ils s'y sont constamment refusés ; il est heureux que tous les amateurs ne tiennent pas aussi rigoureusement à ce qu'ils possèdent.

seulement quantité de débris de vases; des amas de terre brute dont l'analogue se rencontre dans le pays; plusieurs gâteaux préparés avec cette même terre, pour être portés sur le tour, etc., etc.

Ces dernières circonstances s'appliquent exactement à la découverte faite près de Nancy, par M. Vautrin; ce qui peut faire conjecturer que ces manufactures n'ont existé que momentanément, ou que les ouvriers, obligés d'abandonner leurs habitations, allèrent s'établir ailleurs, emportant avec eux tous les outils, instrumens et ustensiles qui servoient à leurs travaux.

On a sans doute de nos jours considérablement perfectionné la fabrication des poteries fines. Avant que la terre soit propre à prendre une forme, on lui fait subir une quantité d'opérations, telles que l'épluchage, le gachage, tamisage, marchage, corroyement, etc.

La pâte étant préparée, on la livre à l'ébaucheur, qui dégrossit la masse, et commence à lui donner les premières formes; elle passe ensuite entre les mains du tourneur, qui la finit, et la met au point où elle doit être pour être cuite. Mais toutes les pièces ne sont pas susceptibles d'être tournées; quantité sont faites dans des moules de plâtre, composés d'une ou de plusieurs parties, selon que l'objet a plus ou moins de dépouille; au sortir du moule, on répare les pièces, et on y ajoute les anses et autres parties rapportées, qui sont préparées et moulées séparément. Pour cuire les pièces, on les place avec précaution dans des gazettes, ou étuis cylindriques faits en terre; ces gazettes garantissent les poteries de l'air extérieur, des accidens, et facilitent l'enfournage. La cuisson est une des opérations la plus difficile de l'art de la poterie; elle présente les mêmes obstacles depuis les ouvrages les plus communs jusqu'aux porcelaines ; la cuisson de la terre est un degré quelconque de vitrification, mais la différence d'épaisseur des pièces, leur exposition à l'action du feu, rendent cette vitrification plus ou moins forte, plus ou moins égale. Les fours à poterie sont, en général, assez simples; ils sont composés d'un foyer, ou alandier; d'un laboratoire, dans lequel sont placées les gazettes; et d'une cheminée dans la partie supérieure, par laquelle la fumée s'évapore.

Les anciens n'ont pas employé, suivant toute apparence, dans la fabrication de leurs poteries, des procédés aussi recherchés et aussi multipliés que ceux qui sont en usage de nos jours; ils connoissoient seulement les plus essentiels; aussi leur fabrication paroît-elle avoir été sujette à beaucoup d'inconvéniens, surtout chez les Romains. La quantité de pièces manquées et brisées que l'on trouve dans les endroits où leurs manufactures ont existé, annonce qu'ils avoient toujours dans leurs ouvrages une grande quantité de rebuts : la plupart des pièces gauchissent, parce que les potiers employoient des argiles dans lesquelles se trouvoient mélangées en trop forte quantité des matières ferrugineuses ou calcaires. Ce qu'il y a de plus remarquable dans la poterie romaine, c'est le vernis, qui, sur les vases unis, est toujours très-égal; sur ceux qui sont couverts d'ornemens en relief, souvent il n'a pas pris dans toutes les parties; mais en général, il a le plus grand éclat. On a pensé que ce vernis étoit naturel; c'est-à-dire qu'il n'étoit que la vitrification de la surface du biscuit, produite par la cuisson à une température très-haute, et favorisée par les cendres qu'entraîne la déflagration. On trouve souvent ce vernis fendillé ou tressaillé ; ce qui pourroit faire penser qu'il n'est pas tout à fait le produit de la seule vitrification de l'argile qui compose les vases ; car la tressaillure n'est que l'effet de la dilatation du biscuit, qui a lieu trop promptement pour que le vernis, qui est un verre très-dense, puisse s'y prêter; il me semble que cet effet n'auroit pas lieu, si le vernis des poteries romaines étoit tel que quelques savans l'ont avancé; au surplus, les Romains connoissoient la composition des vernis métalliques, et ils en faisoient dans lesquels ils employoient le plomb.

Je me suis peut-être arrêté trop long-tems et sur la matière et sur la fabrication des poteries; mais j'ai voulu faire quelques rapprochemens de nos ouvrages en ce genre avec ceux des anciens. Mon but a été principalement de stimuler la curiosité, et d'indiquer aux hommes instruits un objet digne de leur attention et de leurs recherches; une analyse exacte des poteries romaines pourroit devenir d'une grande utilité pour les arts. Je desire que quelques-uns de ces hommes habiles qui disputent à la nature l'art de composer et de décomposer les substances s'occupent de celle-ci, et obtiennent un heureux résultat; je me borne à faire connoître et à conserver les ornemens et les dessins variés à l'infini qui couvroient ces vases, et dans lesquels les artistes trouveront, comme je l'ai déjà dit, des motifs neufs, dont ils pourront faire usage dans leurs compositions, principalement pour la porcelaine, la faïence, les vases, et même pour l'orfèvrerie, la serrurerie et la sculpture d'ornement.

J'ai dit que l'on trouve communément dans le fond des vases de terre rouge une empreinte dont les lettres sont en relief, et qui paroît indiquer le nom du manufacturier ou du potier; ces noms sont ordinairement latins; les caractères en sont quelquefois mélés de lettres grecques et romaines, et d'autrefois tout à fait barbares et illisibles; souvent ils sont précédés des lettres OF., et même OFIC., qui veut dire *oficina*, atelier, et suivis de la lettre F, que l'on a interprétée par les mots *faber*, *figulinarius*, *fecit*. Il est incontestable que ces marques sont celles des fabriquans et ouvriers, et qu'ils étoient romains; car les étrangers ne pouvoient latiniser leurs noms, s'ils n'étoient attachés directement à l'empire par des emplois. Cependant, parmi ceux qui ont été découverts sur les poteries du Châtelet, il y en avoit plusieurs qui étoient gaulois, tels que DIVIX, VEXIVIX, BITVRIX (1). Ces noms appartenoient peut-être à des ouvriers de cette nation, qui avoient appris à fabriquer des poteries, et qui y travailloient avec les Romains. M. de Caylus a pensé, et j'ai déjà parlé de cette opinion, que la forme des caractères de ces empreintes, et la plupart de leurs abréviations, appartenoient au siècle de Tibère, et que le mélange des lettres grecques prouvoit la longue continuité et l'activité soutenue de cette manufacture jusque dans le bas empire.

Une chose difficile à concevoir, c'est la multiplicité des noms que l'on rencontre sur les poteries, et qui doit faire

(1) Parmi les fragmens de poterie recueillis au Châtelet, il s'en est trouvé avec les noms *gallica* et *of. parici*. Le premier pourroit indiquer un atelier, *oficina gallica*, dans lequel on n'employoit que des Gaulois formés à ce travail par les Romains; l'autre, n'est que le nom d'un potier *paricius*, et n'a aucun rapport avec la ville de Paris, comme un savant inclinoit à le croire. J'ai cependant trouvé à Lyon un fragment empreint du nom *Cabillo*, qui pourroit être celui de la ville de Chalons-sur-Saone, ou désigner une manufacture qui y étoit établie. J'ai découvert des poteries romaines dans le voisinage de cette ville, l'une des plus anciennes des Gaules, et qui servit de magasin à César, lorsqu'il en eut fait la conquête. Chalons a eu aussi le nom d'*Orbandale*, d'un triple rang de briques dorées, qui couronnoit son enceinte, et que la ville a conservé dans ses armoiries; elles portent trois cercles d'or en champ d'azur.

supposer que les ouvriers qui s'occupoient de leur fabrication étoient en très-grand nombre, ou qu'ils se sont succédé les uns aux autres pendant un long espace de tems.

La quantité de ces empreintes, recueillie dans les jardins du sénat, est très-considérable; la planche VIII en contient cent vingt-trois, et j'ai cependant écarté tout ce qui n'étoit pas bien conservé, et ce qui se trouvoit répété; j'ai choisi sur le reste ce qui pouvoit offrir quelqu'intérêt. On a gravé dans quelques ouvrages, et surtout dans des dissertations sur des découvertes particulières, quelques vases dont les fonds portoient des noms d'ouvriers (1); mais, en général, ils ne sont pas rendus avec exactitude; ils sont même tellement défigurés dans les bulletins des fouilles du Châtelet; qu'il est difficile d'en faire usage. Pour éviter cet inconvénient, j'ai fait calquer soigneusement chaque empreinte sur la pièce même; j'ai ajouté quelques noms qui se trouvent imprimés en relief sur le corps des vases, comme les n°ˢ. 123, 124, 125, ou gravés à l'outil comme les n°ˢ. 126 et 127 ; enfin, le n°. 138 est un fond de vase, qui fait voir la manière dont les empreintes y étoient placées. Outre les noms rapportés dans la planche VIII, il s'en trouve quelques-uns dans les autres planches, mais qui étoient tous imprimés à la sur-face extérieure des vases. Le n°. 2 de la planche XII porte le nom de JVST., *Justus*, ou *Justinus;* n°. 4, Pl. XIII, PA-VILL., *Pavillus ;* enfin, le n°. 5, Pl. XVII porte VOLVS. F., *Volusius Faber,* ou *fecit.*

J'ai fait quelques recherches pour découvrir ceux de ces noms qui se trouvent rapportés par les auteurs , et j'en ai trouvé la majeure partie dans le trésor de Gruter (2), le

(1) Cabinet de Petau. — Bulletin des fouilles du Châtelet.
(2) *Thesaurus Inscriptionum.*

Museum etruscum de Gori, et les inscriptions de Fabretti ; les autres appartiennent à des familles obscures ou inconnues jusqu'à présent par les inscriptions et les monumens : je vais entrer dans quelques détails sur le résultat de ces recherches.

PLANCHE VIII.

N°. 1.

Cette marque dont la dernière lettre qui est un peu effacée doit être une F, est celle de DOCCIVS. F. *Doccius Faber.* Gruter (pages DCCLXXVIII n°. 6 et DCCCXXI n°. 9,) cite deux inscriptions où se trouve le prénom DOC., qu'il interprète par DOCCIVS QUIRICUS.

N°. 2.

MAXIMI. De l'atelier de *Maximus.* Ce surnom, suivant Morel (*Thesaurus Morellianus*) appartenoit aux familles *Carvilia, Egnatia, Fabia, Manlia, Sulpitia* et *Valeria ;* mais le potier dont le nom se trouve ici, appartenoit plutôt à la classe des affranchis. Gruter (page DCCCCLXXV, n°. 1) cite un *Maximus* affranchi d'Antoine. Gori (tome I, page 285) rapporte une inscription avec le nom de *Maximus Liber, Venator* chasseur.

N°. 3.

CRESTIO. On a trouvé au Châtelet une marque avec le mot CRESTI seulement, ce qui m'a fait interpréter celui de ce numéro, CRESTI. O. *Cresti oficinæ.*

N°. 4.

JANVARIS. Le nom de *Januarius* est cité par Gruter dans

un grand nombre d'inscriptions; plusieurs ont rapport à des affranchis. On le trouve aussi dans Gori. Cette même marque étoit sur les poteries du Châtelet.

N°. 5.

LIEGDI CALVIO, *Liecdi Calvi oficinæ*. Le nom de *Liecdius* ou *Liegdius* n'est pas connu; celui de *Calvius* est rapporté par Gruter dans plusieurs inscriptions.

N°. 6.

MENA AVILI, *Menatius Avilius;* ces deux noms sont cités par Gruter et par Gori.

N°. 7.

ATEP. Peut-être cette marque est-elle celle d'*Aterius;* et alors le P seroit à la place de l'R. Ce nom se trouve dans Gruter.

N°. 8.

LICARV. C'est peut-être *Licinius Carvilius.*

N°. 9.

OFMCCA. *Oficinæ Maccari;* l'A se trouve confondu avec l'M , comme cela se rencontre souvent dans ces sortes d'empreintes.

N°. 10.

ATEPOMA. L'A se trouve comme dans la marque précédente dans la seconde partie de l'M. C'est peut-être *Aterius Romanus.* Tous ces noms, depuis le n°. 8, sont rapportés par Gruter.

(148)

N°. 11.

OF SICVA, *Oficinæ Sicuatii*; ce nom n'est cité par aucun auteur.

N°. 12.

AMAI , *Amatus* ou *Amalius*; ce dernier se trouve dans
Gruter, ainsi qu'*Amabilis*. Gori cite *Amator*.

N°. 13.

CENTOR. F. *Censorius Fecit*. Le T remplace l'S dans
cette marque; le nom de *Censorius* est dans Gruter et dans
Gori.

N°. 14.

C. SAI , *Caius Sattius* ou *Sattrius*.

N°. 15.

SEVERI. Le nom de *Severus* est très-multiplié, surtout
dans les monumens chrétiens. Gori (tome I, page 397,)
cite un *Severus* qui étoit garde-du-corps de Tibère César.
Gruter, dans une inscription très-curieuse, trouvée à Rome
dans le théâtre de *Marcellus*, parle d'un *Severus Libertus*,
suppostor monetæ (1). Ce nom se trouve encore dans cette
Planche sous les n°ˢ. 25, 42 et 87. Dans deux de ces empreintes
l'F d'*oficina* est très-petite, et placée au milieu de l'O (2).

(1) On appeloit *Suppostor*, l'ouvrier chargé de placer la pièce de métal brute
sur   coin ; *Malleator*, celui qui la frappoit ; *Signator*, celui qui gravoit le
type ; *Flator*, l'ouvrier qui couloit le métal ; et *Exactor*, celui qui essayoit la
monnoie.

(2) *Antiq. expliquée*, par Montfaucon , tom. 11. Part. 1. Pl. CIII. n°. 3.

(149)

N°. 16.

DARRA. F. Cette même marque se trouvoit sur les poteries du Châtelet : il seroit difficile de l'appliquer à un nom
latin.

N°. 17.

DECMI. MA. *Decmius Magnus. Voy.* Gruter (p. DCCCXLVII.)

N°. 18.

MASCVLVS. L'A se trouve joint à l'M dans ce nom ;
Gruter le cite dans trois inscriptions.

N°⁵. 19 et 73.

SECVNDINI, *Secundinus* (1). Le même nom se trouve
sous le n°. 26 , mais au nominatif, SECVNDINVS. Il est à
remarquer que dans le n°. 19 on a employé l'U voyelle,
tandis qu'on s'est servi dans les n°⁵. 26 et 73 du V majeur.
L'usage permettoit alors d'employer indistinctement l'une ou
l'autre de ces lettres. Cependant , dans six inscriptions rapportées par Gruter , et dans lesquelles on trouve le nom de
Secundinus , c'est toujours avec le V consonne ; ce qui me
fait penser que ces inscriptions remontent à des tems plus
anciens que le vase où l'on voit la marque avec l'U. J'ai observé néanmoins que les caractères de ce nom dans le n°. 19 ,

(1) Petau a donné quelques fragmens de vases avec des noms de potiers. ERTIXI.
OFIC. PRI. *Oficinæ primi* SECVNDINI. Petau a lu ce nom d'une mani'⁄⁰
assez singulière. Il en a fait SECANDI. W. Il a prétendu que le vase qui p₍ ₎oit
cette marque étoit Samnite , et que l'inscription signifioit qu'il avoit été fait
exprès pour être arrosé de larmes. C'étoit évidemment le nom du même potier
Secundinus , dont je cite aussi les ouvrages.

sont beaucoup moins soignés et plus mal formés que dans
les deux autres.

N°. 20.

OF. LICNI; *Oficinæ Licni* pour *Licini*. Ce nom de *Licinus* se trouve encore écrit de différentes manières sous les
n°ˢ. 50, 61, 77 et 113. Il étoit très-multiplié dans les poteries que j'ai recueillies, et il paroît, par le grand nombre d'inscriptions rapportées par Gruter, que ce nom de *Licinus* ou
Licinius étoit très-commun.

N°. 21.

OB. NIGRI. F. *Oficinæ Nigri Figuli.* Le B est ici pour F,
et ce qui prouve que cette marque appartient à ce nom, c'est
le n°. 110 qui porte bien nettement OF. NIGR.

N°. 22.

SOLINI. OFI. *Solini Oficinæ.* Les auteurs ne parlent point
de *Solinus*, mais seulement de *Solius.* Gori (tome III) rapporte une inscription avec le nom de *Solania Nigrina.* Il se
trouve tant de fautes et de transpositions dans les empreintes
des poteries, qu'il seroit très-possible que dans celle-ci l'I fût
mis au lieu de l'A.

N°. 23.

MACRAS. Ce nom est inconnu.

N°. 24.

ATIIIE. Cette marque est celle d'*Ateïus.* Ce nom s'est
trouvé très-souvent répété dans des fonds de vases; mais j'ai
remarqué qu'il étoit particulièrement appliqué à de petites

coupes d'une même forme, et semblables au n°. 7 de la Planche VII. Ce nom est rapporté dans la Planche VIII de différentes manières; il est seul dans les n°ˢ. 35, 63 et 64. Il est joint à *Amabilis* dans les n°ˢ. 33 et 186, et à *Fuhod* dans le n°. 81. Le n°. 24 est le plus remarquable, en ce que le cachet a la forme d'une sandale, et que la lettre E a été transposée et placée à la fin du mot, pour figurer les doigts du pied.

N°. 27.

XANT, *Xanthi*. Ce même nom est répété au n°. 66, et les lettres en sont placées circulairement dans un cachet de forme ronde. Un vase du Châtelet portoit aussi ce nom.; mais il étoit imprimé à l'extérieur et près du bord supérieur du vase.

N°. 28.

OF. PRIM, *Oficinæ Primi*. Cette marque est une de celles qui se trouve le plus fréquemment sur la poterie rouge ; je l'ai rencontrée sur dix vases au moins ; elle étoit aussi répétée sur les poteries du Châtelet, sur celles de Vienne des Allobroges, et de Lyon. Ce nom se trouve encore sous le n°. 82 de cette Planche en caractères particuliers ; le P et l'R sont faits comme un K.

N°. 29.

L. T. C. Il est impossible d'interpréter ces initiales.

N°. 30.

OFF. CER, *Officinarum*, *Cerialis*, ou peut-être *Cerii*. Ce dernier nom est cité par Gori (tom. I, p. 436, et tome III, page 113). On le retrouve sous les n°ˢ. 58 et 68, tel qu'il s'est rencontré sur les poteries du Châtelet.

N°. 31.

MAE, *Maecius* ou *Maecilius* (*Voy*. Gruter, *Thesaurus inscript.*)

N°. 32.

IERAF. Ce nom n'est pas connu.

N°. 34.

SCOTNVS; et n°. 129, SCOINS. Ces deux marques appartiennent au même nom, qui paroîtroit être *Scoinus ;* mais il n'est cité par aucun auteur. Gruter parle seulement d'un *Sconius puer.*

N°. 36.

SABINN. Les deux N indiquent que c'est le nom de *Sabinius* plutôt que celui de *Sabinus.*

N°. 37.

ORILL. *Orillus,* ou *Orillius,* ne sont pas rapportés dans les auteurs.

N°. 38.

OF. GERM. *Oficinæ Germani,* ou *Germanii.* On trouve ces deux noms dans Gruter. *Germanus libertus* (Planche CCCCLXX, n°. 7), et *Germanius optatus* (Pl. DCCCXL, n°. 9).

N°. 39.

OF. AIDAD. Il est impossible de déterminer ce nom, dont les lettres ne sont sûrement pas exactes.

N°. 40.

ᗡIꟼIꓭ ᗡIꟼO *Oficinæ Bilicati.* Dans cette marque, les lettres sont placées à rebours, et l'L est en sens inverse; le n°. 43 présente ce même nom dans son sens naturel, OFIC. BILICATI. Il s'est aussi trouvé dans les poteries de Sainte-Géneviève.

N°. 41.

Ce nom est tout à fait illisible.

N°. 44.

OF. CELADI, *Oficinæ Celadi.* Gruter rapporte trois inscriptions avec le nom de *Celadus.* L'un affranchi d'Auguste; le second, médecin de Drusus; et le troisième, vivant du tems de Caligula. La même marque s'est trouvée sur les poteries du Châtelet.

N°. 45.

OF. BASSI, *Oficinæ Bassi.* Le nom de Bassus est aussi dans les empreintes des n°ˢ. 92 et 120; Gruter cite plusieurs personnages de ce nom, qui ont vécu sous Auguste, Tibère et Néron.

N°. 46.

PATERNI. Le nom de *Paternus*, cité par Gruter, s'est rencontré sur plusieurs de nos poteries.

N°. 47.

ABVꟙO, *Abusonius.* La forme et la position de l'S sont

remarquables; plusieurs poteries du Châtelet portoient des empreintes où cette lettre étoit placée comme ici.

N⁰ˢ. 48, 49, 51.

Ces trois noms sont tellement défigurés, qu'il est impossible de les déterminer.

N°. 52.

MAPILII, *Mapilius*, ou *Marilius*.

N°. 53.

DOCCALI, *Doccalius*.

N°. 54.

PRIVA. *Privatus*. Gruter et Gori rapportent une inscription avec le nom de *Privata*.

N°. 55.

L. SEMP. F. ; le P est accolé à l'M. *Lucius Sempronius*, *Figulus*, ou *fecit*. La famille Sempronia étoit une des plus nombreuses ; il est resté une grande quantité de monumens qui y ont rapport.

N°. 56.

OF. RVFIN., *Oficinæ Rufini*, *Rufinii*, ou *Rufiniani*. Ces trois noms sont cités par Gruter dans différentes inscriptions.

N°. 57.

ANVNIM, *Anunimi*. Ce nom n'est pas dans les auteurs;

mais il est curieux, en ce qu'il paroît être un nom grec latinisé; il viendroit du mot Ανωνυμος, qui signifie, d'origine obscure, sans nom.

N°. 59.

Cette marque est indéchiffrable.

N°. 60.

VOLVS FE., *Volusius fecit*. Cette empreinte prouve que la lettre F, qui se trouve après les noms des potiers signifie quelquefois *fecit ;* Volusius a fait ce vase. Ce nom se trouve encore, Pl. XVII, n°. 5, sur le corps de la poterie, et il étoit répété sur plusieurs autres fragmens.

N°. 62.

I. IX. I.

N°. 65.

CN. SSVԀ· Partie de ce nom est écrit à rebours; on pourroit l'expliquer par *Cneius Passienus*.

N°. 67.

TOCCAF.

N°. 69.

CΛAEINS, *Claeinus*. Ce nom est singulièrement écrit. La seconde lettre est un lambda grec; l'E est accolé à l'A, et l'V est supprimé. Gori parle d'un *Clanius*.

N°. 70.

MASSSA.

N°. 71.

PAVLI. Ce nom est très-connu, et cité dans un grand nombre d'inscriptions; c'étoit le prénom de la famille Æmilia.

N°. 72.

GALLI. O., *Galli Oficinæ*. On a trouvé sur les poteries du Châtelet les marques GALLICA et OF. GAL.

N°. 74.

NAMIL CROES. On pourroit expliquer cette marque par *Manilius Crestius*. On a observé que les transpositions et les lettres surabondantes sont très-fréquentes dans ces espèces de sceaux, qui étoient, en général, gravés par des ouvriers ignorans. Ces fautes ne sont pas plus extraordinaires que celles que nous voyons si souvent dans les enseignes de nos marchands.

N°. 75.

CROBNO.

N°. 76.

PECVLIARIS. Le P. est placé à rebours, et accolé avec l'E; et le premier I est beaucoup plus petit que les autres lettres. Gruter (Pl. MCVII, n°. 7), rapporte une inscription tumulaire dédiée à leur patron par deux affranchis, dont l'un se nomme *Peculiaris*.

N°. 78.

MOM, *Mominus*. (Voy. Gruter, pag. DLIII, n°. 10).

(157)

OFFEICIS, *Oficinœ Felicis*. L'L se trouve confondue
avec l'E. Gruter rapporte plus de vingt inscriptions avec le
nom. de *Felix*.

Nº. 79.

P. H. PERT. Les trois premières lettres de ce nom sont
accolées ensemble ; on pourroit l'interpréter par *Publius*
Helvius Pertinax. Mais il n'est pas vraisemblable que le
nom d'un empereur se trouve sur un vase d'aussi peu d'importance ; on ne mettoit le nom du prince ou des magistrats que sur les poids ou les vases qui servoient de types
pour les poids et les mesures dont on se servoit dans le
commerce et chez les marchands. Le père du Molinet cite
un conge (1) sur lequel étoit le nom de l'empereur Vespasien. Au surplus, la marque que je rapporte pouvoit appartenir à un manufacturier qui auroit porté les mêmes noms
et prénoms que Pertinax.

Les nᵒˢ. 83 et 84 ne peuvent s'expliquer d'une manière sa-
tisfaisante.

Nº. 85.

MAIIANVS, *Maianus* ou *Maianius*, qui se trouve encore
au nº. 117 , mais écrit d'une autre manière moins précise.

Nº. 86.

VILV , *Vilucius* ou plutôt *Vinucius*, qui est rapporté
dans les auteurs ; l'N pouvant se trouver remplacée par une L.

(1) Le conge *congius*, étoit la principale mesure des Romains ; elle tenoit
trois pintes de Paris ; l'*amphora*, tenoit huit conges ; l'*urna*, quatre ; le *sextarius*,
la sixième partie du conge ; l'*hemine*, la douzième ; et le *quartarius*, la vingt-
quatrième partie. (Voy. Montfaucon, Kircher, et le père du Molinet.)

Les n°s. 88, 89 et 90 sont illisibles ; le n°. 89 IRNS est peut-être l'abréviation d'*Irenus* ou *Ireneus*.

N°. 91.

Cette marque d'une jolie forme, et à peu près dans le genre des grandes empreintes que l'on mettoit au milieu des briques, porte LICI. JANVARIVS, *Licinius Januarius*.

N°. 93.

NOVA, *Novanius*.

N°. 95.

AVLI, *Aulus* ou *Aulius*.

N°. 96.

PISTILLI MA, *Pistilli*, *Magni* ou *Magnii*. Le nom de *Magnus* étoit le surnom de la famille Pompeïa ; on le trouve aussi à la famille Julia; quelquefois il servoit de prénom (1). Mais je pense que dans nos poteries ces lettres MA signifient *Magnius*, qui est souvent répété dans les monumens , plutôt que *Magnus*.

N°. 98.

MACHR, *Macirius* ou *Macerius*.

N°s. 99, 101 et 115.

Ces marques sont composées de diverses lettres initiales , qu'il est impossible d'expliquer.

____

(1) M. Millin, *Monum. Inédits ,* tom. 1. pag. 147.

N°. 100.

SENTI. Gruter et Gori rapportent le nom de *Sentius* dans un grand nombre d'inscriptions ; on connoît aussi plusieurs médailles consulaires de la famille *Sentia*.

N°. 102.

PONTI. Gruter ne cite pas le nom de *Pontius*, mais il est rapporté dans plusieurs inscriptions par Gori (*Mus. etrusc.* tome 2 et 3.)

N°. 103.

HERMA. Parmi plusieurs inscriptions avec le nom d'*Herma*, citées par Gruter, il s'en trouve une où un affranchi d'Auguste est ainsi appelé.

N°. 104.

Il semble qu'il y a un T confondu avec l'A ; mais je n'ai découvert, ni *Ascius*, ni *Tascius*.

N°. 105 et 106.

Le premier de ces noms écrit à rebours, paroît composé de lettres grecques ΡΟΙΑ *Roil.* Le second est illisible.

N°. 107.

OF. MVR, *Oficinæ*, *Murrii* ou *Murtii*, que l'on trouve aussi écrit avec une S, *Mursius*.

N°. 108.

RANCF. *Rancius* ou *Ranius figulus*.

N°. 111.

ALB. Ces trois lettres peuvent s'appliquer à quantité de noms, tels qu'*Albanus*, *Albanius*, *Albins*, *Albicius*, *Albidius*, *Albinius*, *Albinus*, *Albius*, *Albus*, *Alburius* et *Albutius*.

Ce qui suit, et qui n'a pas été décrit, est illisible. Le n°. 122 est remarquable en ce qu'il ressemble très-exactement, pour le type et la manière dont la légende est arrangée, aux médailles d'or du Bas-Empire, que l'on nomme *quinaires*, et qui ont été frappées du tems de Tibère, Constantin, Justin et autres princes, sous le règne desquels les arts étoient tout à fait déchus. Je lis dans cette marque IVLI ; le reste est indéchifrable.

Parmi les noms de potiers que j'ai recueillis depuis que cette planche est gravée, je crois devoir rapporter ceux qui suivent.

CLOVII. On connoît des médailles de la famille *Clovia*. Gruter et Gori ne citent cependant aucun personnage du nom de *Clovius*, mais *Clovatius* et *Cluvius*.

DOMITVS F. *Domitus Figulus*. Ce nom est un des plus répétés dans les inscriptions ds Gruter.

BELINICCI. *Beliniccius*, nom singulier et inconnu.

LVGIITVS, *Lugetus*. On trouve souvent, comme je le dirai bientôt, dans les empreintes des poteries deux I au lieu de l'E : ce nom n'est pas connu.

LVPI. M. J'ai deux fonds de vase avec cette marque, sans autre différence que la grandeur du sceau, et la proportion des lettres ; elles sont plus grandes, plus écartées et plus saillantes dans une empreinte que dans l'autre. Gruter rapporte une seule inscription avec le nom de *Lupus.*

Je crois devoir placer immédiatement après ces marques , l'anse d'une grande amphore, *dolium vinarium,* qui se trouve à la Planche XVII, n°. 5, et qui porte l'empreinte d'un cachet, avec ces lettres MAEMRVS. L'A et l'E sont accolés ; on pourroit les expliquer par *Marcus Æmilius Rusticus.* On voit assez communément dans les cabinets, des sceaux de cuivre, de différentes formes et grandeurs , qui servoient à marquer les amphores et les briques avant leur cuisson. On ne sait si les noms que portoient ces empreintes étoient ceux des ouvriers ou des propriétaires des vases et autres ouvrages en terre cuite, sur lesquels elles sont appliquées. Montfaucon , Kircher , Beger, le père du Molinet, et plusieurs autres antiquaires, ont publié de ces sortes de cachets. J'en possède moi-même seize, tous curieux et de formes différentes. Comme il est intéressant de conserver les noms qui se trouvent sur ces monumens , parce que souvent ils font connoître des familles qui ne l'étoient pas, je crois devoir placer ici ceux qui sont dans mon cabinet; j'y joins la liste de tous les noms de potiers qui se sont trouvés sur les poteries du Châtelet , et sur celles de Saint-Nicolas, près Nancy ; au moins ceux qui étoient lisibles, car il y en avoit, surtout dans le premier endroit, une grande quantité qui n'ont pu être expliqués.

Sceaux Antiques en Cuivre.

M. COS. CHRESIMI. *Marci Cossutii Chresimi.* Ce cachet a été trouvé à Marseille ; il est gravé dans l'Histoire de cette ville par Grosson.

Q. MVNATI. CLEMENTIS. *Quinti Munatii Clementis.*

Q. P. FELICIS. *Quinti Publii Felicis.*

DOMNINAE.

FLVERIETIOBINE. *Flavi Veri Etiobinei;* gravure en creux.

MARCCAESINIDISPI. *Marci, Caii Caesi Nidispi.*

GENTI. Ce cachet est gravé en sens naturel.

L. MVRRI MODESTI. *Lucii Murri Modesti.*

FILEX. Ce cachet est grossièrement gravé, et il y a une transposition de lettres; car on a voulu mettre FELIX.

KALLIMORFVS VHEI LAVRENTIA HEEIVS. Ce sceau est d'un travail barbare; plusieurs lettres comme les H et les E, ressemblent à des caractères grecs; les mots sont placés dans leurs sens naturel et gravés en creux.

L. N. R. Initiales qui ne peuvent s'expliquer.

Les quatre sceaux qui suivent, portent sur l'anneau qui tient à la plaque où se trouve l'inscription, et qui servoit à les tenir et à les attacher, une espèce de contre-seing. Le père du Molinet en rapporte un du même genre, et pense que ce contre-seing s'imprimoit sur la cire.

A. HERNNULEI. KARI. *Aurelii Herennulei Kari;* l'H et l'E sont accolés. Le contre-seing est un caducée ailé.

C. FANNI NICEPHOR. *Caii Fanni Nicephori.* Dans ce dernier mot, l'I est formé par le second jambage de l'N, et dépasse le corps des autres lettres. Le P et l'H sont accolés. Le contre-seing est un monogramme composé des lettres AMLAS.

C. P. IULI. KARI. *Caii Publii Julii Kari.* Le contre-seing porte les initiales C. I. K. *Caii Julii Kari.*

L. CAUNI. ONESIMI. *Lucii Cauni Onesimi.* Le contre-
seing est une feuille d'arbre.

Briques avec Inscriptions.

Ces briques portent des marques qui y ont été imprimées
avec des sceaux comme ceux dont je viens de parler.

SYMARCI OPTATI. 4 pouces et demi de long sur 2 pouces
et demi de large et 2 d'épaisseur.

EPITYNCANI. Q. SATTI. TR. *Epityncani. Quinti Satti,*
5 pouces et demi sur 3 de large, et 1 pouce 3 lignes d'épaisseur.

DE FIGLINIS MARCI NISST. MARCI RABBAEI. Un
croissant et trois étoiles; 6 pouces et demi de long sur deux et
demi de large, et 1 pouce et demi d'épaisseur.

OP. DOL. EX PRAED AVGN. CLANASLINSONTI. Cette
empreinte est circulaire; dans le premier cercle est écrit,
opus doliare ex prædio augusti nostri.

Ce qui se trouve dans le second est assez difficile à expliquer.
Dans le centre est un croissant et une étoile.

Il me reste à parler d'un sceau, sur lequel est écrit,
AMANTI. VIVAS. L'S est posée horizontalement. Je ne crois
pas que ce cachet ait été employé au même usage que ceux
dont j'ai parlé plus haut. Le père du Molinet en rapporte un
avec ces mots, IN DEO VIVAS, et croit qu'il servoit ainsi
que d'autres semblables à marquer des lettres, que l'on appeloit *litteras formatas*, au moyen desquelles les premiers
chrétiens, communiquoient entr'eux, et à la vue desquelles on
obtenoit partout un accueil favorable et le droit d'hospitalité.

(164)

C'étoient les *Tesseræ hospitalitatis*, sur lesquelles Jacques
Thomassin a écrit avec beaucoup d'érudition. Je pense que la
mienne peut être placée aussi au nombre des Tessères d'hospitalité. On trouve dans Ficcoroni des pierres gravées avec
cette même inscription AMANTI VIVAS.

Quant aux autres cachets, ceux qui sont gravés en creux
servoient sans doute à imprimer sur les briques et sur les
vases différens noms. Mais ceux dont les lettres sont en relief,
et c'est le plus grand nombre, devoient avoir un autre usage.
Les caractères sont disposés en contre-partie pour rendre l'é-
criture dans le sens naturel ; les lettres sont évidées et assez
saillantes pour pouvoir prendre une couleur quelconque, sans
que le fond en soit imbibé.

Ces cachets ont dû servir à apposer les noms qui y sont
gravés, et à sceller des actes publics et particuliers ; on les
appliquoit avec de l'encre sur du parchemin (Voy. le père du
Molinet, page 25.) Cette pratique employée par les Romains
auroit dû les conduire à la découverte de l'imprimerie, dont
ils étoient bien près. L'ignorance où ils sont restés de cet art
utile, prouve, comme le dit M. de Caylus, tom. 1, pag. 255,
« que les plus heureuses découvertes dépendent souvent du
» hasard, ou de quelques circonstances qui les font éclore, ou
» qui les éloignent, sans que l'on puisse en trouver des raisons
» positives ».

Marques trouvées sur les poteries de Saint-Nicolas,
près Nancy.

CATVS. MONTANVS. NISIVS : N. BORIVS. SANV.
NORVS. TRITVS. JVCCVS. OCISO. MONIM.GIAMAT. F.

Sur les Poteries du Châtelet.

LORII; MAMI; DIVI; FORMOSUS ; OF. PRIMI; MIDDI-
RIUS; SIMITIOS; SALURIAT; CERIALI; MINSIUS OF. CEN
DIVIX.; VEXIVIX; PATERCIIM; JANUARIS CATLUS. F.;
MICCIO; OF. CELADI; OF. PATRO; MAGNVS; NISATUS;
OF. GAL; COTILLUS ; CATELLO ; BORU. F. CRESTI ;
OF. LABE; COMICUS. MARIANVS; BITURIX ; SABINUS;
DECMUS. FE ; FESTVS; ASUTA ; PRIMI; OF. AQUINII;
NICEPHORE ; TRINONUS ; CINTUS ; OF. PRONI ; CIN-
TUGNATUS ; OF. CRESTI. OF. JUCUN ; MARCELLUS;
FEC. MELTI; DONATI. M.; CARNATUS; AMADIS; CAR-
ROTATVS; TOCCA ; NACA ; MERCA ; PEREGRIN; OF.
LABIO ; CABRUS ; FELICIO ; ARCEILUS ; DARRA. F.
RIVVLVS VOCARI; DAVIUS; DIVIN; BIMIUS RIOMONUS;
DRAPON ; CONOIMUS; MINSINA F. VITALIS. COS. RV. F.

Il résulte de la comparaison que j'ai faite des marques
d'ouvriers et fabriquans qui se sont trouvées sur les poteries de Paris, avec celles qui furent découvertes au Chatelet
en 1772 et 1774 , que beaucoup de noms semblables se
sont rencontrés sur les ouvrages de ces deux manufactures;
que la forme des caractères, l'arrangement des mots, et les
abbréviations, ont les plus grands rapports entr'eux; ce qui
peut faire conjecturer qu'elles ont existé en même tems.

M. Grignon, dans les bulletins des fouilles du Châtelet,
dit que d'abord il y eut sur cet emplacement une ville gauloise, qui fut détruite lors de l'invasion des Romains, qui
la firent ensuite reconstruire; que cette nouvelle ville fut en-

core saccagée par les Goths, et ruinée de fond en comble par ces barbares. La grande quantité de médailles gauloises et romaines qui furent recueillies dans ces fouilles, appuie en grande partie cette conjecture; mais la moins ancienne de ces médailles est de Décence, qui fut envoyé dans les Gaules l'an de Rome 1103, de J. C. 350, pour y soumettre quelques provinces qui s'étoient révoltées; Magnence, son frère, l'un des chefs de la révolte, et qui avoit usurpé la pourpre impériale, gagna Décence, et le créa César à Melun. Mais ayant été vaincu en 353 par Constantin, il se sauva à Lyon, où il se tua; Décence, ayant appris à Sens la mort de son frère, et redoutant pour lui-même la vengeance de l'Empereur, s'étrangla dans cette ville.

Celle du Châtelet ne dut exister que très-peu de tems après cet évènement. Les médailles trouvées à Paris finissent à une époque moins reculée; la dernière est de l'empereur Honorius, et fut frappée, suivant Mezzabarbe, la première année du règne de ce prince (393 de l'ère vulgaire).

L'établissement des manufactures de poterie de Paris et du Châtelet date vraisemblablement des premiers tems de l'invasion des Romains dans les Gaules; mais celle de Paris semble s'être soutenue environ 40 ans après la destruction de la ville du Châtelet.

Ce qui prouve l'ancienneté de ces établissemens, c'est la forme des caractères de la plupart de ces espèces de griffes dont on marquoit les vases, les transpositions, les réunions et les changemens de lettres, souvent mises les unes pour les autres, ainsi que cela se pratiquoit dans des tems très-reculés. Le père Baldini a fait une dissertation sur la découverte d'un grand nombre de vases de terre avec des inscriptions, qui furent trouvés en 1732 dans une vigne de Saint-

Césaire, à droite de la voie Appienne, en sortant de Rome;
les détails dans lesquels ce savant est entré, relativement à
cette découverte, peuvent fournir quelques rapprochemens
importans pour la nôtre. Les vases dont parle le père Baldini étoient remplis de cendres et d'ossemens à demi brûlés,
et tous portoient des inscriptions où se trouvoient mention-
nées les plus anciennes familles de Rome, avec le jour et le
mois de la mort de chaque personnage. L'auteur de la dissertation dit, entr'autres choses, que les païens se servoient,
comme les chrétiens, dans leurs inscriptions sépulchrales,
des mots, *nones, ides,* et *calendes,* d'où il conclut que celles
qui étoient sur les urnes cinéraires dont il parle étoient très-
anciennes. Je passe sur tout ce que dit à ce sujet le père Baldini, et me borne à ce qui a rapport à la forme et à l'arrangement des lettres qui composoient les inscriptions de ces
vases.

Le plus souvent l'A est barré diagonalement de droite à gauche; on voit deux II majuscules au lieu de l'E. Le C est remplacé par le K; l'F par le P; enfin, l'O a la forme du rhombe.
Par fois aussi, plusieurs lettres se trouvent accolées, comme on
en voit dans les médailles consulaires, M..Æ.H.A., etc.

On peut observer dans les empreintes qui remplissent la
planche VIII presque toutes ces différences; et je les ai re-
marquées également dans les poteries du Châtelet, que j'ai
examinées chez M. de T....

Ces rapprochemens, et tout ce que j'ai dit sur les poteries trouvées à Paris, suffit sans doute pour prouver, comme
l'avoit très-bien avancé M. de Caylus, qu'il a existé sur les
hauteurs qui dominoient l'ancienne ville de Lutèce, une manufacture de poterie romaine, qui s'est soutenue depuis les
premiers tems de la conquête des Gaules, jusqu'à la déca-

dence de l'empire d'occident; je ne crains pas même de dire que les produits de cette manufacture l'ont emporté pour la finesse de la terre, la beauté et l'éclat de la couverte, sur ceux de toutes les autres fabriques, sans en excepter celle de Nismes, qui étoit si renommée pour la beauté de ses ouvrages.

Je terminerai ce long article sur les poteries par une revue rapide des fragmens revêtus d'ornemens et de dessins, et par quelques observations sur les sujets qui y sont représentés.

On remarque parmi les frises qui décorent les vases de terre rouge de fabrique romaine, que les guirlandes de chêne, de vigne et de lierre, y sont très-répétées; ce dernier surtout y figure souvent; on le retrouve aussi fréquemment dans les sujets mythologiques qui couvrent les vases grecs, et dans les productions anciennes des arts. Pline compte (1) jusqu'à vingt espèces de lierre mâle ou femelle; la variété consacrée plus particulièrement à Bacchus est celle qu'il nomme *chrysocarpos*, à fruits dorés. Les anciens employoient volontiers des feuilles de lierre dans les bordures de vêtemens, dans les frises d'architecture, les ornemens de vase, etc.; on appeloit *hederata*, les vases ornés de feuilles de lierre; *corymbiata*, ceux où il y avoit des fruits; *pampinata*, ceux où on avoit mis de la vigne; *acanthina* et *filicata*, les vases avec des feuilles d'acanthe ou de fougère. Il y a dans les planches X et XI quelques fragmens de poterie avec des courans de vigne et de lierre.

On voit souvent sur ces vases des animaux et des oiseaux ; ils remplissent les intervalles laissés par les contours des guir-

(1) M. Millin, *Monum. Inéd.*, tom. 1. pag. 137 et suiv.

(169)

landes de feuilles et de fruits. Le lièvre et le lion (1) s'y trouvent communément; il y a aussi des sangliers, des ours, des cerfs, des chiens et d'autres animaux. On reconnoît parmi les oiseaux, des oies, des aigles, des colombes, des poules, des corbeaux, etc.

Les Planches X et XI sont composées de fragmens de vases, couverts d'ornemens très-variés, et dont plusieurs sont d'une composition très-riche. Le n°. 7 de la Planche XI représente une figure debout, revêtue du pallium (2). Le bras gauche est caché sous la draperie, le droit est étendu sur le côté; je crois que c'est un Esculape, quoique l'on ne voye pas le bâton entortillé d'un serpent qui est l'attribut de ce dieu, et qu'il tient ordinairement à sa droite. Il a les pieds appuyés sur deux dauphins soutenus par une espèce de cyste. La petite figure qui est à côté de celle-ci, représente Zéphir (3).

P L A N C H E   X I I.

N°. 2.

Un triton, armé d'une massue, menace les hyppocampes ou chevaux à queue de poisson qui sont à ses côtés; on voit au-dessous un dauphin et un thon; dans le haut est un crabe. J'ai trouvé ce même sujet sur un fragment de poterie rouge, à Vienne, département du Rhône.

---

(1) Le lion étoit l'emblême de la force, et le lièvre celui de la vigilance.

(2) Le pallium étoit un ample manteau, que l'on donne à Jupiter, à Esculape, à Pluton, et à Silène comme précepteur de Bacchus, parce que ce vêtement étoit le principal attribut des philosophes.

(3) Ebermayer, *Thesaurus Gemmarum.*

22

N°. 3.

La figure debout, jouant d'une double flûte, est bien dessinée et bien placée ; la peau dont elle est revêtue semble indiquer un bacchant.

N°. 6.

Rien de plus agréable que ce petit jeu d'Enfans qui entraînent un bouc ; ils sont dessinés avec grace, et ce sujet fait regreter le reste du vase. Les Enfans des n°ˢ. 4 et 5 sont plus lourds et moins gracieux que les précédens. Ce qui se trouve conservé des deux figures n°. 7, est d'un bon style ; la Femme dont le peplum voltige , est vêtue à la grecque, avec une tunique sans manches, appelée *dorienne* , qui étoit le vêtement ordinaire des femmes de Lacédémone.

PLANCHE XIII.

Elle est curieuse par la variété des sujets qui y sont rassemblés, et dont le style paroît appartenir à des époques différentes.

N°. 1 ; Offre une fleur qui ressemble beaucoup à celle du lys. N°. 2 ; Un Guerrier vainqueur se repose d'une main sur un faisceau surmonté de l'aigle romaine, et de l'autre il porte un trophée. Le carquois et le trépied qui sont à côté de cette figure, et qui appartiennent à Apollon, ne paroissent pas en rapport avec ce Guerrier. On devine aisément l'obscénité du n°. 3 qui n'est qu'indiquée ; ce qui paroît singulier, c'est le manteau avec un capuchon dont l'homme est revêtu, et que l'on donne ordinairement à Priape. Ce sujet étoit répété sur plusieurs fragmens. J'y ai rencontré aussi des choses beau-

coup plus choquantes, et qui représentoient les mœurs dis-
solues du tems, comme on les voit sur les médailles spin-
thriennes. Dans le nº. 4 est la Vénus pudique; une espèce de
sphinx, un chien, et le nom de Pavillus. Nº. 5; un Satyre
avec d'énormes oreilles, lance une boule ou un disque. Nº. 6;
Pan jouant de la flûte et portant sur l'épaule une peau qui lui
sert de vêtement. Le Guerrier à cheval qui semble se retour-
ner pour frapper l'ennemi qui le poursuit, a du mouvement
ainsi que le cheval. Ce même sujet s'est trouvé sur d'autres
fragmens, entouré d'accessoires différens. La frise nº. 7 est
agréable; ce petit fragment est d'une terre d'un grain très-
fin, et le vernis en est aussi égal, aussi uni et aussi éclatant
que s'il venoit de sortir de la manufacture.

Le masque du nº. 8 se rencontre souvent sur les poteries ;
il s'en est trouvé de semblables sur celles de Bratuspantium (1).

Les deux figures nº. 9 sont remarquables par leurs attitudes
et leurs vêtemens; celui de l'homme est d'une forme particulière. Le nº. 10 offre Vénus anadyomène Αναδυομενη qui
signifie sortant du sein des eaux. On confond souvent avec
la Vénus anadyomène, des représentations de Vénus au bain
ou à sa toilette (2). En général les monumens qui offrent
cette déesse au moment de sa naissance, sont très-rares.

P L A N C H E   X I V.

J'ai réuni dans cette Planche les fragmens de vases sur
lesquels se trouvent des chasses et des animaux.

(1) *Description du département de l'Oise*, par M. de Cambry. (Pl. III.)

(2) M. Millin, *Monum. Inéd. pag.* 239.

N°. 1.

Ce Chasseur a une espèce de ceinture de peau garnie de son poil; il tient le pelta ou bouclier scythe, et va au-devant d'un animal qui ressemble à un âne sauvage. N°. 2 ; un Ours poursuit un homme qui est assis dans un bige, comme s'il étoit déjà blessé.

La composition de ces chasses est bizarre ; il s'y trouve un singulier mélange de figures, et on n'y remarque ni perspective, ni proportions. Le style des quatre premiers morceaux est surtout rude et maniéré; ils pourroient avoir été faits du tems de Philippe qui régnoit l'an de Rome 1000, de J. C. 247. J'ai recueilli un très-grand nombre de débris de vases, sur lesquels étoient répétées des chasses ; et en général, ces fragmens appartenoient à des coupes d'une plus grande dimension que les autres.

Je pense que le n°. 5 ne représente pas Hercule étouffant le lion de Némée, mais Milon de Crotone, dévoré par un de ces animaux. Quoique le tronc d'arbre ne soit pas indiqué, la main gauche de l'athlète paroît retenue; il est dans une attitude convulsive, et semble s'efforcer, de la main qui lui reste libre, de repousser l'animal furieux qui s'acharne sur lui.

Le n°. 6 offre peut-être Apollon, berger.

Dans le n°. 7 est un sphinx grec, tel que les auteurs l'ont décrit; il a des ailes, le buste d'une jeune fille, et le corps d'un lion : ce qu'il y a de particulier dans celui-ci, c'est la draperie qui se trouve au-dessous de la gorge.

La chasse et la garde des troupeaux ont été les premières occupations des anciens peuples; le goût de la chasse s'est

(173)

principalement conservé chez eux; les Grecs et les Romains l'aimoient avec passion. Il n'est donc pas étonnant qu'ils ayent fréquemment représenté les animaux qu'ils se plaisoient à poursuivre dans cet exercice; aussi voit-on des chasses sur un grand nombre de monumens; entr'autres, sur les vases grecs. La chasse la plus dangereuse étoit celle du sanglier; celle des loups, des cerfs, et autres bêtes fauves, n'étoit qu'un amusement (1).

Les empereurs signalèrent souvent leur magnificence en offrant au peuple, avide de ce genre de spectacle, des bêtes féroces dans des fêtes publiques, et principalement dans les jeux séculaires. Suivant Pline, ce fut Auguste qui fit paroître à Rome le premier tigre; il y fut donné en spectacle à la dédicace du théâtre de Marcellus, l'an de Rome 742 (2).

Domitien fit venir à Rome, pour les jeux séculaires, entr'autres animaux, un rhinocéros; il est représenté sur les médailles de ce prince, avec une double corne très-distinctement exprimée; ce qui indique que cet animal étoit de l'espèce *bicorne*, de l'existence de laquelle on a long-tems douté (3).

Mais de tous les empereurs, celui qui se signala le plus dans ce genre de magnificence, ce fut Philippe; il fit paroître, dans les jeux qui furent célébrés sous son règne, la millième année de la fondation de Rome, une prodigieuse quantité d'animaux de toute espèce; un hyppopotame; dix

______

(1) M. Millin a donné une Dissertation sur la chasse du sanglier dans les tems héroïques. (*Magasin Encycloped.* , 1792 , pag. 362). Il parle aussi de cette chasse dans ses *Monumens Inédits* , tom. 1. pag. 50.

(2) *Science des Médailles* , par le père Mangeart. pag. 314 et suiv.

(3) Le Musée d'histoire naturelle possède une double corne qui a appartenu à un Rhinocéros de cette espèce.

alces; trente léopards; des cerfs, des lions, des chèvres sau:
vages, des gazelles, des panthères, des hyènes, etc. La plupart de ces animaux sont représentés sur les médailles de
Philippe père, d'Otacille sa femme, et de Philippe fils. On en
voit aussi de plusieurs espèces sur les médailles de Gallien.

PLANCHE XV.

Nº. 1.

Cette coupe, que j'ai fait rétablir d'après les nombreux
fragmens que j'en ai recueillis, est d'une forme très-agréable.
Le sujet se trouve répété sur toute la surface du vase; ce
qui vient à l'appui de ce que j'ai dit des moules, dont on
se servoit pour exprimer des dessins en relief sur la terre
molle des poteries; les figures qui sont sur cette coupe sont
bien dessinées; la femme assise est bien drapée; elle semble
écouter le récit que lui fait un jeune guerrier du combat
dont il revient vainqueur.

Nº. 4.

La Victoire passant, et tenant une palme et une couronne, qui sont ses attributs ordinaires; la Victoire n'avoit
pas encore été personnifiée du tems d'Homère; ce fut Hé-
siode, qui, le premier, en fit un être pensant et agissant (1).
On la trouve représentée sur un grand nombre de monumens avec des caractères et des attributs différens; les Romains lui élevèrent des temples, et lui rendirent un culte
d'autant plus soutenu, qu'il convenoit à leur esprit belliqueux,

____

(1) M. Millin, *Monumens Inédits*, pag. 314 et suiv.

(175)

et qu'il fut en quelque sorte autorisé par leurs conquêtes et
les brillans succès de leurs armes. La Victoire devint le symbole de l'empire; et lorsque vers la fin du quatrième siècle,
on voulut anéantir le culte de cette divinité, le sénat y op-
posa une longue résistance, et en témoigna une grande indignation.

PLANCHE XVI.

Le vase auquel ont appartenu les fragmens nº. 1 et 2 devoit être d'une grande dimension et d'une grande richesse.
Outre les figures qui sont dessinées ici dans leur grandeur
naturelle, il y avoit au-dessus de la corniche une frise dont
on apperçoit une feuille, et la partie inférieure étoit encore
couverte d'ornemens. Ce vase devoit avoir de 9 à 10 pouces
de hauteur ; les figures ont plus de trois lignes de relief.

Le fragment nº. 1 étoit en deux morceaux, que j'avois
confiés au graveur, afin qu'il le copiât plus fidèlement; on lui
a soustrait la portion la plus considérable, et dans laquelle
étoit la figure barbue qui élève la main droite, et que je
regrette singulièrement.

Le nº. 3 a fait partie d'un autre vase, et n'est pas d'un
relief aussi fort que les deux premiers fragmens. Ils paroissent
cependant appartenir tous à une époque bien postérieure à
Septime-Sévère; ces poteries sont les plus curieuses de toutes
celles qui ont été trouvées à Paris.

Nº. 4.

Un Enfant ailé tenant une lyre, cherche à se soustraire en
fuyant à la poursuite d'une bête féroce qui ressemble au
chacal; j'ai trouvé le même sujet sur les poteries de Vienne.

Le petit fragment nº. 5 est très-curieux; il représente un

Combat de Gladiateurs ; l'un porte un casque , et ses jambes
sont couvertes d'une chaussure ; il est armé d'une lance dont
il semble menacer un Enfant ailé qui s'enfuit ; l'autre combattant n'a qu'un casque et un bouclier rond, sur lequel le premier pose le pied droit ; il a les jambes nûes ; ces deux figures
portent une ceinture de cuir , dont les Gladiateurs et les
Athlètes se servoient dans les jeux publics (1).

Le Satyre du n°. 6 est bien caractérisé ; il porte un thyrse ,
et sa tête est couronnée de lierre. La même figure se trouve
sur les poteries de Bratuspance (2).

Le fragment n°. 7 représente Vénus sortant du bain ; à côté,
dans un médaillon , est un Triton armé d'une espèce de massue , et près duquel on apperçoit partie d'une figure de jeune
Homme , ayant les jambes croisées et une main sur la tête :
c'est ainsi que les anciens ont représenté le sommeil et la mort.
La figure de Vénus est soutenue par un masque qui se retrouve
fréquemment sur les poteries ; ce morceau est d'une pâte très-
fine, et revêtu du plus beau vernis.

PLANCHE XVII.

Le premier fragment de moule (3) représente un Chasseur

(1) La forme de cette ceinture est aussi singulière que remarquable. Elle étoit de
cuir rouge ; les athlètes s'en servoient dans les premiers tems, ainsi que d'une
espèce d'écharpe, seul vêtement qu'ils conservassent dans leurs exercices ; mais
la chute de cette ceinture ayant fait perdre la victoire à un athlète, on sacrifia
ce reste de pudeur , et les combattans parurent absolument nuds ; ils s'exerçoient
à la lutte, au pugilat, au pancrace et à la course à pied.

(2) *Description du département de l'Oise*, par M. de Cambry.

(3) J'ai dit que ces moules avoient été trouvés à Saint-Nicolas, près Nancy ;
mais que personne n'en ayant encore publié, et ces fragmens étant très-importans par leur rapport avec la découverte de poterie faite à Paris, j'avois cru
devoir les placer dans cet ouvrage ; ce sont de tous les objets qui en composent
les Planches, les seuls qui n'ont pas été produits par le sol de la Capitale.

assis, armé d'un arc et d'un carquois ; un animal extraordinaire et qui semble plutôt nager que courir, est devant lui ;
la même disposition dans les figures, et la même bizarrerie
de composition, se trouvent dans ce sujet de chasse comme
dans ceux de Paris. Les ornemens de ce fragment sont particuliers. Le second moule représente Jupiter assis, recevant
Ganymède ; Minerve est debout devant lui, et semble vou-
loir s'éloigner d'une scène qu'elle désapprouve. J'ai un troisième fragment de moule, sur lequel se trouve la même bordure, et dans le reste de la surface sont des médaillons avec
des masques.

Les nᵒˢ. 1, 4 et 9 sont des fragmens de vases qui étoient entièrement travaillés de cette manière.

Ce vase étoit couvert d'ornemens en relief, dont on voit ici
une portion, et qui devoient faire un effet agréable ; la proportion de ces ornemens indique que la coupe étoit d'une grande
dimension.

Le nᵒ. 7 a fait partie d'un vase uni ; de chaque côté se
trouvoit un mascaron semblable à celui qui est ici ; ils servoient
d'anses, et la bouche en est percée pour faciliter l'écoulement
du liquide contenu dans le vase.

PLANCHE XVIII.

Je n'avois que des profils bien conservés de ces deux coupes
que j'ai fait dessiner en entier. Elles sont d'une belle pâte, et
la couverte en est très-égale et très-brillante ; mais on remarque
dans leur forme ce défaut de régularité et d'assiette dont j'ai
parlé, et qui est presque général dans ces poteries.

PLANCHE XIX.

C'est aussi d'après des profils seulement que j'ai fait dessiner les six coupes de cette Planche ; j'avois cependant celles des n°s. 1 et 4 presque entières, mais divisées en quantité de frag-mens. Des mimes en action sont représentés sur ces deux vases. Les masques de ceux du n°. 1 sont particuliers, ainsi que le vête-ment du personnage qui tient une massue. Les acteurs du n°. 4 n'ont pour tout vêtement qu'une ceinture très-légère ; les masques scéniques qui sont à côté avec un paon paroissent faire allusion à l'ignorance et à la sottise qui ne sont soutenues que par la présomption et l'orgueil. On voit sur la partie de chacun de ces vases, que j'ai fait dessiner, le sujet tout entier, parce qu'il se trouvoit répété, tel qu'on le voit, sur toute la circon-férence du vase. Ces coupes sont dans leur demi-grandeur, et les formes en sont très-agréables.

Il me reste à parler des médailles qui ont été recueillies en très-grand nombre dans les fouilles des jardins du Sénat. J'ai fait graver dans les trois dernières Planches quelques médailles gauloises, et 58 médailles romaines consulaires ou impériales ; j'ai voulu faire connoître, par la gravure, toutes les différentes têtes qui composent cette suite, et je vais donner ici la no-menclature détaillée et générale de toutes les médailles assez conservées pour en reconnoître le type ; car dans le nombre, il s'en est rencontré beaucoup qui étoient tout à fait frustes et illisibles, ou rongées par le vert de gris. La numismatique ancienne finit à la décadence de l'empire d'occident que pré-céda de bien peu le règne d'Honorius. C'est par une médaille de ce prince que se termine la collection dont je vais donner le détail, et qui présente un intérêt que je ne saurois m'em-pêcher de faire remarquer de nouveau.

Je ne m'arrêterai pas sur l'importance de la numismatique ; l'étude de cette science est d'une utilité reconnue, et ses avantages ont été prouvés. On lui doit la connoissance d'événemens dont l'histoire ne parle pas, et dont les médailles fixent les époques. On y retrouve aussi les noms et les titres des princes et des magistrats, ceux des provinces, des villes et des municipalités ; les traits des divinités et des héros. On y voit les cérémonies du culte et les ustensiles qui y servoient ; les costumes, les armes ; elles offrent enfin et retracent tout ce qui a rapport aux usages religieux, militaires et civils des peuples de l'antiquité.

On trouve encore sur les médailles les différentes époques de l'art, dont on peut y suivre les progrès et y reconnoître progressivement la décadence. On peut prendre par elles une idée des procédés métallurgiques des anciens, étudier et connoître les divers alliages qu'ils faisoient, et les métaux qu'ils employoient.

Enfin, les médailles servent à expliquer plusieurs passages obscurs des auteurs classiques grecs et latins ; elles offrent ce que l'on voit sur tous les autres monumens. M. Millin convient que la numismatique renferme toute la connoissance de l'antiquité (1).

MÉDAILLES GAULOISES.

Les médailles celtiques ou gauloises que j'ai recueillies sont, en général, si mal conservées, ou d'une fabrication si barbare, qu'il m'auroit été impossible de les décrire ; je n'en ai choisi, dans le nombre, que sept, que j'ai fait dessiner dans la planche XX.

(1) Introduction à l'étude des Médailles.

(180)

On rapporte les médailles gauloises dans les ouvrages d'antiquité, plutôt par curiosité que pour l'instruction ; le tems
et les lieux où elles ont été fabriquées sont aussi incertains
que les conjectures qu'elles peuvent fournir ; on y distingue
cependant des époques bien différentes pour le travail. Les
plus anciennes n'offrent que des objets informes et presque
indéfinissables ; d'autres semblent se rapprocher de quelques
médailles grecques , surtout de celles de Philippe de Macédoine , père d'Alexandre-le-Grand. Les revers ont le plus souvent pour type un cheval au galop, entouré de divers symboles ; on y voit aussi des taureaux, des oiseaux, des guerriers ,
des espèces de chimères, et d'autres objets : Quelquefois on
y trouve des noms de rois , de peuples et de villes. M. de
Caylus a placé les plus anciennes de ces médailles, qui sont
toutes informes et grossières , bien au-dessous des ouvrages
des peuples sauvages de l'Amérique , avant qu'ils eussent
communiqué avec les Européens. On retrouve cependant
dans ces médailles, malgré leur barbarie, un caractère national, et on peut les regarder comme la mesure de l'intelligence des Gaulois dans ce genre de travail. Une chose difficile à comprendre, c'est qu'il a fallu que ces peuples fissent
usage , pour la fabrication de leurs monnoies, de moules,
dans lesquels il est évident qu'elles ont été coulées ; cela est
prouvé par les bavures et les appendices qui se trouvent à
toutes les médailles gauloises. La combinaison et l'alliage des
métaux qui les composent supposent des connoissances chi-
miques très-étendues , et des opérations difficiles dont la pratique paroît incompatible avec le peu de perfection de ces
ouvrages. Elles auroient dû perfectionner les productions de
l'art chez les Gaulois, et les amener à une imitation de la
nature plus exacte et moins grossière ; ces connoissances mé-

tallurgiques chez un peuple d'ailleurs si peu avancé dans les
arts , sont une nouvelle preuve que la fonte des métaux a été
une des connoissances primitives, qu'elle remonte aux époques
les plus reculées, et qu'elle n'a jamais été interrompue.

Les quatre médailles gauloises qui commencent la XXe.
planche, présentent des types connus. On voit sur la première une figure barbare agenouillée entre deux espèces de
disques ; au revers est un cheval au galop, et dans le haut
une couronne. Sur la seconde est une tête d'homme, coiffée
d'un casque; sur l'oreille tombent plusieurs boucles de cheveux ; on lit à côté de cette tête le nom SIXTILI, qui étoit
sans doute celui d'un roi ou d'un chef gaulois. Au revers
est un cavalier, et sous le cheval, un symbole en forme d'S,
qui se retrouve fréquemment sur ces médailles; il devoit avoir
chez les Gaulois une signification particulière. J'ai examiné
chez M. l'abbé de T.... une figurine de bronze trouvée dans
les fouilles du Châtelet, et qui présente une singularité rare;
c'est une divinité gauloise qui a beaucoup de rapport avec
Jupiter, et qui tient un anneau, dans lequel sont enfilés
plusieurs de ces mêmes symboles en forme d'S, que l'on
trouve sur les médailles; on le voit encore sur celle qui suit ,
au-dessous d'une double tête semblable à celle de Janus. Au
revers de cette troisième médaille , est un animal dont on
ne peut reconnoître l'espèce, et au-dessus duquel sont trois
cercles placés en triangle.

La quatrième médaille représente sur chacune de ses faces
deux animaux que les antiquaires ont appelés *sus gallicum ;*
cette pièce est de potin, et les trois précédentes sont de
bronze. Les deux médailles qui suivent étoient d'argent (1) ;

(1) Ces Médailles furent trouvées en creusant la grande pièce d'eau du parterre , à peu près à quinze pieds de profondeur, en comptant du niveau de la

mais le métal en étoit tellement oxidé par le tems, qu'il avoit l'aspect du plomb, et se coupoit avec une extrême facilité; un seul noyau, qui se trouvoit dans le centre de la pièce, avoit conservé la dureté et l'éclat de l'argent. D'un côté de ces médailles est une tête informe avec le mot TOCILI; au revers de l'une paroît un cheval au galop; et sur l'autre, on voit un caractère particulier qui a la forme d'un serpent. La septième est la plus curieuse, en ce qu'elle représente une tête vue de face; ce qui est, en général, rare sur les médailles, mais principalement sur les monnoies gauloises; le revers offre le type ordinaire; on y voit un cheval au galop, une roue et une couronne.

MÉDAILLES ROMAINES.

Ce fut sous le règne de Servius Tullius (1) qu'on commença à frapper des monnoies à Rome; les premières pièces étoient d'airain, et servirent d'abord de poids et de monnoies; dès le tems de Numa Pompilius, second roi de Rome, on s'étoit servi du bronze que l'on donnoit au poids en échange de marchandises.

Les pièces de bronze furent dans les premiers tems divisées en *as* (2), *semis, triens, quadrans* et *sextans*. L'*as* pesoit une livre de douze onces romaines, *æs grave;* et chacune de ses parties en proportion; le *semis* pesoit six onces;

terrasse. Il y en avoit douze en argent, et un bloc assez considérable, mais dont le métal n'étoit plus qu'un oxide de cuivre qui tomboit en poussière au moindre pressement. Plusieurs antiquaires ont fait graver des Médailles gauloises. On en trouve un assez grand nombre dans l'*Antiquité Expliquée* du père Montfaucon, et dans le cabinet de Petau.

(1) M Millin (*Introduction à l'étude des Médailles*).
(2) *Science des Médailles*, par le père Mangeart.

le *triens* quatre, etc. Mais après la première guerre punique (1), l'as fut réduit à sa sixième partie, c'est-à-dire à deux onces, et conserva cependant la même valeur; on le diminua encore d'une once au tems d'Annibal, et la loi Papiria lui ôta bientôt la moitié de ce poids sans diminuer sa valeur extrinsèque; enfin, cette diminution fut portée jusqu'au quarante-huitième du premier poids, c'est à dire que l'as ne pesa plus qu'un quart d'once, et toutes ses divisions furent réduites dans les mêmes proportions (2). On a quelquefois désigné improprement ces premières monnoies sous le nom de poids romains.

On commença à frapper des monnoies d'argent à Rome, la cinquième année avant la guerre punique (269 ans avant J. C.), sous le consulat de Q. Ogulnius et de C. Fabius. On leur donna les noms de deniers, quinaires et sesterces ; le denier valoit dix as ; le quinaire cinq, et le sesterce deux et demi.

Ce ne fut qu'en l'an de Rome 547, que l'on y frappa des monnoies d'or. C'est du moins l'opinion la plus générale sur l'origine de ces deux espèces de monnoie.

MÉDAILLES ROMAINES CONSULAIRES.

On appelle Médailles consulaires (3) ou de familles romaines

(1) Pline , Lib. XXXIII.

(2) On trouve l'as romain et ses divisions dans l'*Antiq. Expliquée*; la *Bibliothèque Sainte-Géneviève*, par le père du Molinet; la *Science des Médailles*, par le père Mangeart ; le *Catalogue* de Dennery , etc.

(3) Fulvius Ursinus est le premier qui ait fait graver une suite de Médailles consulaires ; ce recueil a été considérablement augmenté par Patin. Vaillant en a aussi publié. Morel a donné la suite la plus complète de ces familles qu'il a portées à un nombre très-grand. Mais il a placé parmi les Médailles de familles, toutes celles des monétaires d'Auguste , et quantité d'autres qui n'y avoient pas encore été mises. Il a fait un recueil séparé de toutes les médailles consulaires incertaines, publiées par Goltzius.

des monnoies d'argent frappées du tems de la république,
et qui ont eu cours jusqu'à Auguste. Il s'en trouve aussi quelques-unes en or et en bronze. On y voit les noms et les images
de plusieurs personnages célèbres de ces premiers tems ; mais
ce ne fut que vers le sixième siècle de Rome, que les monétaires firent mettre sur les monnoies les têtes de leurs ancêtres,
et qu'ils y retracèrent les évènemens qui avoient illustré leurs
familles ; ils voulurent, par ces monumens, consacrer et perpétuer le souvenir de leurs noms ; car jusqu'à la décadence de
la république, il n'étoit permis à personne de mettre sa tête
sur les monnoies, ce qui étoit regardé comme un privilége de
la royauté, devenue si odieuse aux Romains.

J'ai fait dessiner dans la Planche XX quatre Médailles consulaires d'argent (1); j'en ai recueilli six dans les fouilles du
jardin, mais il y en avoit deux dont les types étoient répétés,
ce sont les 2ᵉ. et 4ᵉ.

La première de ces Médailles appartient à la famille *Cassia;*
d'un côté est une tête de femme voilée, portant un diadême
et un collier de perles, avec cette légende : Caïus CASSIVS
IMPᴇʀᴀᴛᴏʀ. LEIBERTAS.

Au revers sont les marques du souverain pontificat, le *lituus*
ou bâton augural, et le préféricule dont on se servoit dans les
sacrifices. La légende est : LENTVLVS SPINT.

Ursin rapporte cette Médaille à Caïus Cassius, l'un des
meurtriers de César, désigné consul l'an de Rome 711 avec
Decius Brutus, et qui se donna la mort en Macédoine après sa

______

(1) Ces Médailles sont bien conservées, cependant elles ne sont pas dessinées
exactement quant à la forme, mais seulement pour les types. J'avois donné au
dessinateur l'ouvrage d'Ursin sur les Médailles consulaires, pour lui faire prendre
l'idée de la manière dont il devoit rendre celles que je publiois, et il crut devoir
ajouter comme dans Ursin autour de chaque pièce un double cercle qui n'existe pas.

défaite par Marc-Antoine. On trouve encore sur cette Médaille le nom de Lentulus, autre meurtrier de César.

La seconde Médaille est de la famille *Egnatuleïa ;* d'un côté est une tête couronnée de laurier, avec cette légende, C. EGNATVLEI C. F. Q.

Au revers est une victoire écrivant sur un bouclier attaché à un trophée, près duquel sont une enseigne militaire et une palme. Légende : Q. ROMA.

Il est très-peu parlé dans les auteurs de la famille *Egnatuleïa* ; Cicéron fait mention dans le 3e. livre de ses Philippiques d'un Lucius Egnatuleïus (*Voy.* Ursin, page 92).

La troisième Médaille appartient à la famille *Eppia.* Ursin l'attribue à Marcus Eppius, qui fut envoyé en Afrique par Scipion (Hirtius, lib. V *de Bello Africo*). Cicéron dit que Marcus Eppius étoit de l'ordre équestre (Epist. XIII *ad Atticum*).

D'un côté de cette Médaille est la tête de l'Afrique couverte d'une peau d'éléphant; devant elle on voit un épi, et au-dessous une charrue. La légende est : Q. METELLUS SCIPIO IMP. Ce Scipion avoit été adopté par Quintus Metellus Pius, et n'est pas le même que Cneïus Cornelius Scipio , chef d'une des branches de la famille *Cornelia.*

Au revers on voit Hercule debout avec ses attributs et cette légende : EPPIVS LEG. F. C. Hercule est sans doute représenté sur cette Médaille, parce que son culte étoit très-répandu en Afrique (*Voy.* Herodote, lib. II).

La quatrième Médaille de la famille *Pompeïa* représente d'un côté la tête de Minerve ou de Rome , avec un casque ailé, des pendans d'oreille et un collier de perles. Derrière

cette tête est un vase, *Simpulum,* et devant elle un X qui étoit
la marque du denier romain.

Au revers, on voit le berger Faustulus étendant la main
droite vers le figuier quirinal; sur cet arbre est un pic, oiseau
consacré à Mars; et sur le devant la louve alaitant Rémus
et Romulus. La légende de ce revers est SEXtus POMpeïus
FOSTLVS, et dans l'exergue, ROMA. J'ai trouvé deux médailles semblables; elles appartiennent à la troisième branche
des Pompeïus, dits *Fostli,* et peut-être à Sextus Pompeïus,
qui fut consul avec Lucius Cornuficius, l'an de Rome 717,
(Voy. F. Ursin).

MÉDAILLES ROMAINES IMPÉRIALES.

On distingue, parmi les médailles impériales, le haut et le
bas empire. Le premier commence à Jules-César, et finit aux
trente tyrans, c'est-à-dire, qu'il embrasse tout le tems qui
s'est écoulé depuis l'an 700 de Rome, avant J. C. 54, jusqu'à
l'an de Rome 1010, et de l'ère chrétienne 260. Le bas empire
comprend 1200 ans, que l'on peut diviser en deux périodes
différentes; l'une depuis l'empire d'Aurelien, jusqu'à Anastase, qui est d'environ deux cens ans; l'autre depuis ce prince,
jusqu'aux Paléologues, qui est de plus de mille ans, et qui
va jusqu'à la ruine de Constantinople, dont les Turcs s'emparèrent vers 1450. On fait, en général, plus de cas des médailles du haut empire que de celles qui sont postérieures :
on en trouve cependant de bien frappées et d'un bon travail
jusqu'à la famille de Constantin ; mais après ce tems, l'art
se dégrade et tombe dans un état de barbarie, tel, que l'é-
tude de ces médailles devient aussi difficile que rebutante.
Parmi les auteurs qui ont enrichi la science de leurs productions, et d'ouvrages importans sur la numismatique, on doit

citer Occo, Mezzabarbe, Patin, Vaillant, Pellerin, Eckel, etc. On trouve des médailles impériales latines, en or, en argent et en bronze. Il y a trente à quarante ans que l'on s'occupoit beaucoup de cette science, et les curieux faisoient le plus grand cas des collections de médailles latines; depuis lors, ce goût s'est ralenti, et le nombre des amateurs a beaucoup diminué. On s'occupe aussi bien davantage de l'étude des médailles grecques, qui présente un champ plus vaste à l'érudition, et on a presque abandonné les médailles romaines, dans lesquelles, dit-on, il n'y a plus rien à apprendre. Je ne suis pas de cet avis, et cet abandon me paroît une suite nécessaire du goût que l'on a généralement pour la nouveauté ; on se procure d'ailleurs très-difficilement des médailles grecques ; cet obstacle irrite la curiosité, et leur donne plus de prix. Mais je m'écarte de mon sujet, et je reviens à la suite des médailles latines que j'ai recueillies, et dont je vais donner la nomenclature détaillée.

I. JULES-CÉSAR.

N°. I.

DIVI JULI IMP. CÆSAR DIVI F. Tête de Jules-César, couronnée de laurier, et adossée à celle d'Auguste ; entr'elles est une branche de palmier.

COPIA (1). C'étoit le nom que portoit l'ancienne colonie de Lyon (*colonia Copia*). Une proue de vaisseau avec une pyramide; au-dessus est une étoile, et dans le bas, un œil. Cette médaille est rare, ainsi que la suivante (*G. B.* — 2) (2).

(1) Voyez pour cette Médaille et la suivante, Pellerin , *Mélanges* , tome I, page 246.

(2) Je mettrai à la fin de la description de chaque Médaille, son module, le

Les premières médailles de Jules-César furent frappées l'an de Rome 991 ; avant J. C., 62 ; ce prince fut le premier qui fit mettre sa tête sur les monnoies.

N°. 2.

Même légende. Tête de Jules-César nue, adossée à celle d'Auguste.

c. j. v (1). Une proue de vaisseau portant un édifice. (Cette médaille appartient à la colonie de Vienne des Allobroges, et non à celle de Valence en Espagne, comme quelques antiquaires l'ont pensé). (*G. B.* — 1).

2. AUGUSTE. (*L'an de Rome* 711 , *avant J. C.* 42.)

N°. 3.

CÆSAR AUG. DIVI. F. PATER PATRIÆ. Tête d'Auguste couronnée de laurier.

C. L. CÆSARES AUGUSTI F. COS. DESIG. PRINC. IVVENT. Caïus et Lucius Cæsars, debout à côté d'un trophée. (*Arg.* — 3).

---

métal dont elle est, et la quantité de Médailles semblables trouvées dans nos fouilles, G. B., signifie grand bronze. M.B. , moyen bronze. P. B. , petit bronze. Arg., argent. Pot., Potin. Ainsi, le n°. 1 porte (G. B.— 2.) , cette marque indique que la Médaille est de grand bronze, et que l'on en a trouvé deux semblables. Je n'explique pas les abréviations des Légendes qui sont très-connues des Antiquaires.

(1) On a interprété ces trois lettres par *Colonia Julia Valentia* et *Colonia Julia Victrix*. On a attribué cette Médaille à la ville de Valence en Espagne. Pellerin et les rédacteurs du Catalogue de Dennery, l'ont donnée à Vienne des Allobroges.

(189)

N°. 4.

Tête d'Auguste nue, et sans légende.

Cæsar divi. f. Apollon assis sur des rochers, et jouant du luth. (*Arg.* — 1).

N°. 5.

Cæsari augusto. Tête d'Auguste couronnée de laurier.

Mart. ult. Un temple à six colonnes, au milieu duquel sont deux trophées et une aigle légionnaire. (*Arg.* — 1).

(Mezzabarbe (1) rapporte les deux Médailles numéros 3 et 5 à l'an de Rome 752, avant J. C. 1. et le n°. 4 à l'an 727.)

N°. 6.

Cæsar pont. max. Même tête.

Rom et aug. L'autel de Lyon, *an de Rome* 741. (*M. B.*—6).

N°. 7.

Imp. cæsar. Même tête.

s. c. Une aigle éployée. (*P. B.* — 4).

(Ces Médailles ont été trouvées ensemble, elles sont très-bien conservées).

N°. 8.

Cæsar augustus pater patriæ. Tête d'Auguste, couronnée de laurier.

(1) Je continuerai à rapporter les dates auxquelles cet auteur a placé les Mé-dailles frappées sous chaque empereur. C'est aussi d'après lui que j'indique à côté du nom de ces princes, le commencement de leur règne.

Rom. et aug. L'autel de Lyon, *an de Rome* 751 (*P. B.* — 1).

(Cet Autel, situé au confluent du Rhône et de la Saône, fut célèbre dans les Gaules ; les plus fameux orateurs de ce tems-là venoient y faire preuve d'éloquence. On voit encore à Lyon, dans l'église d'Ainay, quatre colonnes de granit qui d'abord n'en faisoient que deux, et qui décoroient cet Autel ; elles étoient surmontées par des Victoires comme on les voit sur les Médailles.)

N°. 9.

Tête casquée sans légende.

Germanus induti iiii. Un bœuf paissant (*P. B.* — 3).

(Beger attribue cette Médaille à Indutiomar, natif de Trèves, qui disputa la souveraineté à Cingentorix ; il suivit d'abord le parti de Jules-César qu'il abandonna ensuite, et fut tué par Labienus. Morel pense que la légende de cette Médaille, sur laquelle il a cru voir une tête de femme, indique peut-être les noms de deux quatuorvirs, *Germanus* et *Indutius,* ou bien le nom et le surnom d'un seul. (Voy. Morel, *Thesaurus Numismaticus,* tom. 2, pag. 270.)

3. AGRIPPA. *L'an de Rome* 176 , *avant J. C.* 37.

N°. 10.

M. agrippa c. f. cos. iii. Tête d'Agrippa, portant une couronne rostrale.

s. c. Neptune debout. *L'an de Rome* 727 (*M. B.* — 3).

N°. 11.

Imp. divi. f. p. p. Tête d'Auguste, adossée à celle d'Agrippa.

Col. *onia* nem. *ausemis* (colonie de Nismes). Un crocodile enchaîné à un palmier. *L'an de Rome* 736 (*M. B.* — 3).

4. TIBÈRE. *L'an de la Rome 747 , avant J. C. 6.*

N°. 12.

Tɪ. cæsar divi aug. f. augustus. Tête de Tibère, couronnée de laurier.

Pont-max. Figure assise, tenant une haste et une branche de laurier. *L'an de R.* 768 (*arg.* — 1).

N°. 13.

Tɪ. cæsar augusti f. imperat. vii. Même tête.
Rom. et aug. L'autel de Lyon (*M. B.* — 17).

N°. 14.

Même légende. — Même tête.
Même revers. — *L'an de R.* 761 (*P. B.*— 2). ·

N°. 15.

Même légende et même tête qu'au n°. 12.

c. c. a. (*colonia Cæsarea Augusta*) colonie espagnole, aujourd'hui Sarragosse. — Un bœuf préparé pour le sacrifice. (*Voy.* Vaillant *de Coloniis,* page 67). *L'an de Rome* 790. (*M. B.* — 1).

5. GERMANICUS. *L'an de Rome* 757 , *de J. C.* 4.

N°. 16.

Germanicus cæsar ti. aug. f. divi. aug. n. Tête de Germanicus, nue.

C. CÆSAR AUG. GERMANICUS , PON. M. TR. POT. Dans le champ s. c. *L'an de Rome* 772 (*M. B.* — 3).

N°. 17.

Même légende. — Même tête.

C. CÆSAR DIVI AUG. PRON. AUG. P. M. TR. POT. PP. Dans le champ s. c. *Même année.* (*M. B.* — 1).

N°. 18.

GERMANICUS CÆSAR. Germanicus debout dans un quadrige triomphal.

SIGNIS RECEPT. DEVICTIS. GERM. S. C. Le même Prince debout, tenant de la main gauche un sceptre surmonté d'une aigle. *L'an de Rome* 770. (*M. B.* — 2).

6. CALIGULA. *L'an de Rome* 790 , *de J. C.* 37.

N°. 19.

C. CÆSAR. AUG. GERMANICUS. PONT. M. TR. POT. Tête de Caligula , couronnée de laurier.

S. P. Q. R. P. P. OB CIVES SERVATOS. Dans une couronne de chêne. *L'an de Rome* 790. (*G. B.* — 1).

N°. 20.

Même légende. — Même tête.

VESTA. S. C. La Déesse assise, tenant une haste et une patère. *Même année.* (*M. B.* — 3).

7. CLAUDE. *L'an de Rome* 794, *de J. C.* 41.

N°. 21.

IMP. TI CLAUDIUS CÆSAR AUG. P. M. TR. P. Tête de Claude, nue. s. c. Pallas armée d'un bouclier et d'un javelot. *L'an de Rome* 794 (*M. B.* — 7).

N°. 22.

Même légende. — Même tête.
LIBERTAS AUGUSTA s. c. Une Femme debout, tenant un bonnet de la main droite. *L'an de Rome* 794. (*M. B.* — 1).

N°. 23.

Même légende. — Même tête.
CONSTANTIÆ AUGUSTI s. c. Minerve appuyée sur une lance. *Même année.* (*M. B.* — 1).

N°. 24.

(Illisible). Avec la contremarque *Q. L. A.* (*M. B.* — 1).

N°. 25.

TI. CLAUDIUS CÆSAR AUG. Un boisseau.
PON. M. TR. P. IMP. P. P. COS. II. Dans le champ s. c. *L'an de Rome* 795. (*P. B.* — 1).

8. NÉRON. *L'an de Rome* 804, *de J. C.* 51.

N°. 26.

IMP. NERO. CLAUD. CÆSAR AUG. GER. P. M. TR. P. Tête de Néron, couronnée de laurier.

s. c. Victoire passant et tenant un globe sur lequel on lit :
s. p. q. r. (*Senatus populus que Romanus*). (*M. B.* — 2).

Cet empereur qui commença si bien, et qui finit par se souiller de tous les crimes, fit mettre sur cette Médaille une marque de la reconnoissance du sénat et du peuple, pour les victoires qu'il avoit remportées ; mais après sa mort, l'indignation, et l'exécration vouée à sa mémoire, s'exhalèrent de toutes les manières ; et dans l'intervalle de son règne à celui de Vespasien, on contre-marqua les monnoies frappées sous Néron, avec cette même marque *S. P. Q. R.* qui fut appliquée sur le col de ce monstre, comme si ont eût voulu l'avoir encore vivant, pour lui faire subir la peine due à ses forfaits. J'ai deux Médailles de moyen bronze, avec cette contre-marque ainsi placée.

N°. 27.

Même légende. — Même tête (tournée à gauche).
Même revers. (*M. B.* — 1).

N°. 28.

Imp. nero cæsar aug. p. max. tr. p. p. p. Tête de Néron nue.

Même revers. (*M. B.* — 6, *dont une tête tournée à gauche*).

N°. 29.

Même légende. — Même tête.

Victoria augusti. Victoire avec ses attributs, allant à gauche. s. c. (*M. B.* — 1).

N°. 30.

Même légende. — Même tête.

Genio augusti. s. c. Génie debout devant un autel, tenant

une patère et une corne d'abondance. *L'an de Rome* 807. (*M. B.* — 2).

N°. 31.

Nero claud. cæsar germanicus. Même tête.

Pontif max. tr. pot. imp. p. p. s. c. L'empereur debout, revêtu d'un habit théâtral et jouant du luth. *L'an de Rome* 818. (*M. B.* — 2).

9. VESPASIEN. *L'an de Rome* 822, *de J. C.* 69.

N°. 32

Imp. cæsar vespas. aug. Tête de Vespasien couronnée de laurier.

Tri. pot. ii. cos. iii. p. p. Femme assise, tenant un caducée ailé et une branche d'olivier. *L'an de Rome* 824. (*Arg.* — 1).

N°. 33.

Imp. cæsar vespasian. aug. cos. viii p. p. Même tête.

Fides publica. s. c. Femme debout, tenant une patère et une corne d'abondance. *L'an de Rome* 822. (*M. B.* — 1).

N°. 34.

Même légende. — Même tête.

Pax augusti. s. c. Femme debout faisant une libation sur un autel, et portant un caducée et une branche d'olivier. *L'an de Rome* 822. (*M. B.* — 1).

N°. 35.

Même légende. — Même tête.

Æquitas aug. s. c. Femme debout tenant des balances. *Même année.* (*M. B.* — 1).

N°ˢ. 36 à 39.

Illisibles. — (*M. B.* — 3).

10. TITE. *L'an de Rome 822 , de J. C. 69.*

N°. 40.

Imp. t. cæsar vesp. aug. p. m. tr. p. p. p. cos. viii. Tête de Tite, couronnée de laurier.

s. c. L'empereur à cheval , tient de la main gauche un sceptre ; de la droite, il reçoit un globe que lui présente une figure casquée (Rome). Le type de ce revers est un peu fruste , mais il est désigné comme très-rare par Vaillant. *L'an de Rome 833 , de J C. 80.* (*G. B.* — 1).

N°. 41.

Même légende. — Même tête.

Annona aug. s. c. Femme debout, tenant de la droite une petite figure, et de la gauche une corne d'abondance ; devant elle est un vase contenant sept épis , et derrière une proue de vaisseau richement ornée. *L'an de R. 832.* (*G. B.* — 1).

N°. 42.

t. cæsar imp. aug. f. tr. p. cos. vi. censor. Même tête.

Victoria augusti, s. c. Victoire allant à droite. *L'an de Rome* 825. (*M. B.* — 1).

N°s. 43, 44.

Illisibles (*M. B.* — 2).

11. JULIE.

N°. 45.

Julia augusta divi titi f. Buste de Julie, fille de Tite.

Venus augusta. Vénus debout, appuyée contre une colonne et tenant un casque (Vénus victorieuse). Cette médaille est très-rare, elle est d'argent fourré, et fut mutilée par l'ouvrier , lorsqu'il s'apperçut que l'argent étoit doublé de cuivre.

12. DOMITIEN. *L'an de R.* 822, *de J. C.* 69.

N°. 46.

Imp. cæs. domit. aug. ger. cos. xii. cens. per. p. p. Tête de Domitien couronnée de laurier.

Jovi victori s. c. Jupiter assis, tenant de la droite une petite statue de la Victoire, et de la gauche une haste. *L'an de Rome* 839. (*G. B.* — 1).

N°. 47.

Même légende, avec le consulat XV. Même tête.
Même revers. *L'an de Rome* 843. (*G. B.* — 1).

N°. 48.

Imp. cæs. divi vesp. f. domitian. aug. p. m. Même tête.

Tr. p. cos. viii des. viiii p. p. s. c. Bellone debout, lançant un javelot. *L'an de Rome* 835. (*M. B.* — 2).

N°. 49.

Même légende qu'au n°. 46. Même tête.

Fortunæ augusti. s. c. La Fortune debout. *L'an de Rome* 838. (*M. B.* — 1).

N°⁵. 50 et 51.

Illisibles (*M. B.* — 2).

13. NERVA. *L'an de R.* 849, *de J. C.* 96.

N°. 52.

Imp. nerva cæsar. aug. p. m. tr. p. cos. iii. p. p. Tête de Nerva couronnée de laurier.

Fortuna augusti, s. c. La Fortune debout. *L'an de Rome* 850. (*G. B.* — 1).

N°. 53.

Même légende. — Même tête.

Même revers. *Même année* (*M. B.* — 2).

N°. 54.

Même légende. — Même tête.

Libertas publica s. c. Femme debout, tenant un bonnet et une haste. *Même année* (*M. B.* — 2).

14. TRAJAN. (1) *L'an de R.* 850, *de J. C.* 97.

(1) Les Médailles romaines que l'on trouve le plus communément en France, commencent à Trajan et Hadrien assez généralement. On en découvre cependant aussi des empereurs qui les ont précédés ; mais celles qui sont les plus abondantes, sont du tems d'Antonin le pieux , Marc-Aurèle et Commode.

No. 55.

Imp. cæs. nervæ trajano aug. ger. dac. p. m. tr. p. cos v. p. p. Tête de Trajan, couronnée de laurier.

s. p. q. r., optimo principi, s. c. Victoire debout, tournée à droite, montrant un bouclier suspendu à un tronc de palmier, et sur lequel est écrit : vic. dac, *l'an de R.* 859. (*G- B.* — 1).

N°. 56.

Même légende. Même tête.

Même légende. Femme debout tenant de la droite une branche d'olivier, et de la gauche, une corne d'abondance. (*G. B.* — 1).

N°. 57.

Même légende. Même tête.

Même légende. (Type de l'annona) (*G. B.* — 1).

N°. 58.

Imp. cæs. nerva trajan. aug. ger. p. m. Même tête.

Tr. pot. cos. iii. p. p. s. c. Femme assise, étendant la main droite, et de l'autre s'appuyant sur une haste. *L'an de R.* 853. (*G. B.* — 1).

(En général les Médailles de Trajan sont de bonne fabrique et de bon style ; celle-ci est , au contraire, d'une fabrique très-barbare.)

N°. 59.

Même légende. Tête de Trajan, avec une couronne radiale.

Même légende. Femme assise, appuyant son bras gauche

sur son siége, et portant au front l'index de la main droite. *L'an de Rome* 853. (*M. B.* —. 2).

N°. 60.

Même légende et même tête qu'au n°. 55.
Même légende. L'empereur, à cheval, foule aux pieds un ennemi. (*M. B.* — 1).

N°. 61.

Même légende et même tête que la précédente.
Même légende. Victoire allant à droite. (*M. B.* — 1).

N°. 62.

Imp. cæs. trajan aug. germ. Tête de Trajan, couronnée de laurier, et ayant une barbe touffue.
s. c. Un sanglier allant à droite. *L'an de Rome* 851. (*P. B.* — 2. De ces deux médailles, l'une est du plus beau travail, et l'autre d'une fabrique barbare).

N°. 63.

Imp. cæs. nerva trajan aug. ger. Tête de Trajan, couronnée de laurier.
p. m. tr. p. cos. iiii. p. p. Hercule debout, nu, et vu de face. (Travail barbare. Cette médaille représente l'Hercule de Gades, *Hercules Gaditanus.* Gades, aujourd'hui Cadix, étoit la patrie de Trajan et celle d'Hadrien : Hercule y étoit particulièrement honoré). *L'an de Rome* 856. (*Arg. fourré*).

N°. 64.

Imp. trajano aug. ger. dac. p. m. tr. p. Même tête.

Cos. v. p. p. s. p. q. r. optimo princ. La fortune debout,
L'an de Rome 856. (*Arg. fourré*).

N°. 65 à 71.

Frustes et illisibles. (*Arg. défourré.* — 1. G. B. — 5.
M. B. — 1).

15. HADRIEN. *L'an de R.* 870, *de J. C.* 117.

N°. 72.

Hadrianus augustus. Tête d'Hadrien, couronnée de laurier.

Cos. iii. s. c. La déesse Rome, assise sur des dépouilles, tenant une petite figure de la Victoire et une corne d'abondance. *L'an de Rome* 886. (*G. B.* —. 2).

N°. 73.

Imp. trajan hadrianus aug. Même tête.

P. m. tr. p. cos. iii. s. c. Femme debout, tenant une corne
d'abondance et une branche d'olivier. *L'an de Rome* 874.
(*M. B.* — 1).

N°. 74.

Hadrianus aug. Même tête.

Cos. iii. s. c. Un guerrier passant. *L'an de Rome* 789.
(*M. B.* — 1).

N°. 75.

Imp. cæsar trajan. hadrianus aug. Buste de l'empereur.

P. m. tr. p. cos. iii. s. p. q. r. Mars victorieux. *L'an de
Rome* 874. (*Arg.* — 1).

26

N°ˢ. 76 à 87.

Illisibles. (*G. B.* — 6. *M. B.* — 6).

(La suite de Médailles en grand bronze d'Hadrien, est la plus nombreuse , la plus belle et la plus riche de toutes, en revers rares. Sur huit Médailles de cet empereur , que j'ai recueillies dans ce module , deux seulement pouvoient être lues.)

16. Æ L I U S. *L'an de R.* 888, *de J. C.* 135.

N°. 88.

L. ÆLIUS CÆSAR. Tête d'Ælius nue, et avec une longue barbe.

TR. POT. COS. II. S. C. La Fortune et l'Espérance debout, et en regard. *L'an de Rome* 890. Cette médaille est rare. (*G. B.* — 1).

17. ANTONIN LE PIEUX. *L'an de R.* 891, *de J. C.* 138.

N°. 89.

ANTONINUS AUG. PIUS. P. P. TR. P. Tête d'Antonin, couronnée de laurier.

Cos. IIII. S. C.; et dans l'exergue, LIBERALITAS AUG. IIII. L'empereur, assis sur son trône, ayant à ses côtés la Libéralité et l'Abondance, distribue des dons au peuple, représenté par une figure qui tend la main. Le type de cette médaille est rare ; elle est d'une belle conservation, et recouverte d'une patine très-brillante). *L'an de Rome* 898. (*G. B.* — 1).

N°. 90.

Même légende. Même tête.

Cos. iiii. s. c. L'empereur, debout dans un quadrige triomphal, tient un sceptre surmonté d'une aigle. *Même année.*
(*G. B.* — 1).

N°. 91.

Même légende. Même tête.

Tr. p. cos.... s. c. Femme assise, tenant une branche d'olivier. (*G. B.* — 1).

N°. 92.

Même légende. Même tête.

Salus augusti. s. c. Femme debout, appuyée sur une haste,
présentant une patère à un serpent qui sort d'un autel.
(*G. B.* — 1).

N°. 93.

Même légende. — Même tête.

Cos. iiii. s. c. La Fortune assise, tenant une patère, et s'appuyant sur un gouvernail; près d'elle est une proue de vaisseau. *L'an de Rome* 898. (*G. B.* — 1).

N°. 94.

Antoninus aug. pius p. p. Même tête.

Cos. iii. pax. aug. s. c. Femme debout, tenant de la gauche
une corne d'abondance, et de la droite mettant le feu à un
trophée d'armes. *L'an de Rome* 893 (*G. B.* — 1).

N°. 95.

Même légende. — Même tête.

Libertas publica s. c. Femme debout, appuyée sur une
haste, et tenant un bonnet. (*M. B.* — 1).

N°. 96.

Même légende. — Même tête.

P. M. TR. POT. XXI. COS. IIII. P. P. Femme debout, tenant des épis et un gouvernail; à ses côtés sont un boisseau et une proue de navire. *L'an de Rome* 911. (*M. B.* — 1).

N°. 97.

(*Légende fruste*). Tête d'Antonin, nue.

APOLLINI AUGUSTO. Apollon debout, tenant sa lyre et étendant la main droite. *L'an de Rome* 893. (*Arg.* — 1).

N°ˢ. 98, 99.

Illisibles. Deux Médailles, dont l'une porte le type de l'abondance. (*G. B.* — 2).

18. F A U S T I N E, Mère.

N°. 100.

DIVA AUGUSTA FAUSTINA. Tête de Faustine.

PIETAS AUG. S. C. Femme voilée, debout devant un trépied ; elle y répand l'encens contenu dans L'ACERRA ou petit coffre qu'elle tient de la main gauche. (*M. B.* — 1).

N°. 101.

DIVA FAUSTINA. — Même tête.

S. C. — Même type. (*Fabrique barbare.* (*M. B.* — 1).

N°. 102.

Même légende. — Même tête.

Augusta s. c. Femme voilée et debout , sacrifiant sur un autel. (*M. B.* — 1).

N°. 103.

Même légende. — Même tête.
Même légende. — Vénus debout. (*M. B.* — 1).

19. MARC-AURÈLE. *L'an de R.* 892 *, de J.C.* 139.

N°. 104.

Aurelius cæsar. Tête de Marc-Aurèle, nue et presque imberbe.

. . . . . cos. iii. p. p. s. c. Un Guerrier tenant le parazonium, et s'appuyant sur une haste. (*G. B.* — 1).

N°. 105.

Aurelius cæsar aug. pii. f. Même tête.

Tr. p. xiii. cos. ii. p. p. s. c. Même type. *L'an de R.* 912. (*G. B.* — 1).

N°. 106.

Même légende. — Même tête.

Tr. p. xi. cos. ii. p. p. s. c. Femme debout, tenant une haste et un caducée. *L'an de R.* 910. (*G. B.* — 1).

N°. 107.

Aurelius cæsar aug. pii. f. cos. ii. Même tête.

Hilaritas s. c. Femme debout, tenant une palme et une corne d'abondance. *L'an de Rome* 898. (*G. B.* — 1).

N°. 108.

M. aurel. antonius aug. armeniacus. p. m. Tête de Marc-Aurèle, couronnée de laurier, et portant une longue barbe.

Vict. tr. pot. xx. imp. iii. cos iii. s. c. Victoire voltigeant et déployant une draperie. *L'an de R.* 919. (*G. B.* — 1).

N°. 109.

Même légende. — Même tête.

Tr. pot. xix. imp. ii. cos. iii. s. c. Guerrier debout, tenant un javelot et s'appuyant sur son bouclier. *L'an de Rome* 918. (*G. B.* — 1).

N°. 110.

M. antoninus aug. arm. parth. max. Même tête.

Tr. pot. xx. imp. iii. cos. iii. s. c. Femme assise, tenant des balances et une corne d'abondance. *L'an de Rome* 919. (*G. B.* — 1).

N°. 111.

Imp. cæs. m. aurel. antoninus aug. Même tête.

Concordia tr. pot. . . . . . imp. x. cos. iii s. c. Femme assise, tenant une patère. *L'an de R.* 932. (*G. B.* — 1).

N°. 112.

Imp. cæs. m. aurel. antoninus aug. p. m. Tête de M. Aurèle avec une couronne radiale.

Concord. augustor. tr. p. xvi. cos. iii. s. c. Marc-Aurèle et Verus se serrant la main. *L'an de R.* 915. (*M. B.* — 1).

N°. 113.

Aurelius cæsar aug. pii. f. cos. ii. Tête nue et frisée.

Hilaritas s. c. Même type qu'au n°. 107. *L'an de Rome* 898. (*M. B.* — 1).

N°. 114.

m. antoninus aug. tr. p. xxv. Tête de Marc-Aurèle, radiée.

Primi decennales cos. iii. s. c. Dans une couronne. *L'an de Rome* 924. (*M. B.* — 1).

20.   F A U S T I N E , jeune.

N°. 115.

Diva faustina pia. Buste de Faustine.

Consecratio s. c. Un Paon ayant la queue épanouie. (Cette Médaille est rare). (*G. B.* — 1).

N°. 116.

Faustina augusta. — Même tête.

Junoni reginæ s. c. Junon debout, tenant une patère et une haste ; le paon est à ses pieds. (*G. B.* — 1).

N°. 117.

Même légende. — Même tête.

Venus. s. c. Vénus debout, tenant une pomme et s'appuyant sur une haste. (*G. B.* — 2).

N°. 118.

Diva faustina pia. Même tête.

Sideribus recepta, s. c. Diane passant et portant un flam-beau (*luna lucifera*). Cette médaille est comme celle du n°. 115 , une consécration de cette impératrice; elles n'ont été frappées qu'après sa mort. (*G. B.* — 1).

N°. 119.

Faustina augusta. Même tête.

Augusti pii fil. s. c. Vénus victorieuse. (*M. B.* — 1).

N°. 120.

Même légende. — Même tête.

Fecund. augustæ, s. c. Faustine portant deux enfans sur les bras , et en ayant deux autres à ses côtés. (*M. B.* — 1).

N°. 121.

Même légende. — Même tête.

Junoni reginæ, s. c. Même type qu'au n°. 116. (*M.B.* — 1).

N°. 122.

Illisible. (*M. B.* — 1).

21. COMMODE. *L'an de R.* 919, *de J. C.* 166.

N°. 123.

l. aurel. commodo cæsar. aug. fil. germ. sarm. Tête de Commode jeune, sans couronne.

Spes publica. s. c. Type de l'Espérance. *L'an de Rome* 919. (*G. B. —* 1).

N°. 124.

m. commodus antoninus aug. pius. Tête de Commode, couronnée de laurier et portant une longue barbe.

Tr. p. viii imp. vi cos. iii p. p. s. Femme debout, tenant une branche d'olivier et une corne d'abondance. *L'an de Rome* 936. (*G. B. —* 1).

N°. 125.

l. aurel. commodus ant. tr. p. iiii. Même tête (imberbe).

Imp. iii. cos. iii. p. p. s. c. Minerve debout, répandant des parfums sur un trépied allumé. *L'an de Rome* 931. (*G. B. —* 1).

N°. 126.

m. commodus antoninus aug. Tête de Commode, couronnée de laurier.

Fel. aug. tr. p. vi. imp. iiii. cos. iii. p. p. s. c. Femme debout, tenant un caducée et une haste. *L'an de Rome* 934. (*G. B. —* 1).

22. C R I S P I N E.

N°. 127.

Crispina augusta. Tête de Crispine.

Juno lucina. s. c. Junon debout, tenant une patère et une haste. (*M. B. —* 1).

N°. 128.

Même légende. — Même tête.

27

(210)

Venus. s. c. Vénus debout, tenant une pomme. (*M. B. — 2*).

23. SEPTIME-SÉVÈRE. *L'an de R.* 946, *de J. C.* 193.

N°. 129.

l. sept. sev. pert. aug. imp. Tête de Sévère, couronnée de laurier.

Part. arab. part. adjab. cos. ii. p. p. s. c. Deux captifs assis et enchaînés à un trophée. *L'an de Rome* 949. (*G. B. — 1*).

N°. 130.

l. sept. sev. pert. aug. — Même tête.

Dis auspicibus. . . . . cos. ii. p. p. s. c. Bacchus et Hercule debout avec leurs attributs ; entr'eux est un tigre. *L'an de R* 947. (*M. B. — 1*).

N°. 131.

Severus. pivs. aug. Même tête.

Restitutor urbis. Rome assise. *L'an de R.* 954. (*Arg.—1*).

24. CARACALLA. *L'an de R.* 949, *de J. C.* 196.

N°. 132.

Antoninus pius aug. Tête de Caracalle, couronnée de laurier.

Liberalitas aug. vi. Type de la libéralité. *L'an de R.* 964. (*Arg. — 1*).

25. ELAGABALE. *L'an de R.* 971, *de J. C.* 218.

N°. 133.

IMP. CÆS. M. ANTONINUS AUG. Tête d'Elagabale, avec une couronne radiale.

FIDES EXERCITUS. Femme assise entre deux enseignes militaires, et tenant un oiseau. *L'an de R.* 971. (*Arg.* — 1).

26. S Œ M I A S.

N°. 134.

JULIA SOEMIAS AUG. Buste de Sœmias.

VENUS CÆLESTIS. Femme assise à laquelle une petite figure, (*icuncula*) présente un globe. (*Arg.* — 1).

27. ALEXANDRE-SÉVÈRE. *L'an de R.* 971, *de J. C.* 218.

N°. 135.

IMP. ALEXANDER PIUS AUG. Tête d'Alexandre-Sévère, couronnée de laurier.

P. M. TR. P. XII. COS. III. P. P. S. C. Le soleil (*Oriens*) passant, la main droite étendue, et tenant un fouet de la gauche ; sa tête est radiée, et son mouvement est indiqué par la chlamyde qui lui couvre le bras gauche. *L'an de R.* 986. (*G. B.* — 1).

28. PHILIPPE, père. *L'an de R.* 997, *de J. C.* 244.

N°. 136.

IMP. PHILIPPUS AUG. Tête de Philippe radiée.

Sæculum novum. Un temple à 6 colonnes, dans le milieu duquel est une divinité assise. *L'an de R.* 1001. (*Arg.* — 1) (1).

(Il est assez extraordinaire d'avoir récupéré cette Médaille, dans le commencement d'un siècle. Ce rapprochement n'est pas le seul que présente cette suite intéressante.)

29. OTACILLE. *L'an de R.* 998, *de J. C.* 245.

N°. 137.

Marcia otacil. severa aug. Buste d'Otacille.

Pudicitia aug. Femme assise tenant un sceptre, et se couvrant de son voile. (*Arg.* — 1).

30. TRAJAN DECE. *L'an de R.* 1002, *de J.C.* 249.

N°. 138.

Imp. trajanus decius aug. Tête de Trajan, avec une couronne radiale.

Dacia. Une femme représentant cette province et tenant un bâton, au bout duquel est une tête d'âne. *L'an de R.* 1003. (*Arg.* — 1).

31. TRÉBONIEN-GALLE. *L'an de R.* 1004, *de J. C.* 251.

N°. 139.

Imp. cæs. c. vib. trebon. gallus. aug. Tête de Trébonien, couronnée de laurier.

(1) Depuis Philippe jusqu'à Victorin , les Médailles sont composées d'un mélange d'argent et de cuivre appelé *Billon*. Depuis Claude le gothique jusqu'à Dioclétien, ce n'est plus que du cuivre saucé dans l'argent. Les Médailles d'argent pur ne reparaissent qu'à Dioclétien , et sont très-rares depuis Philippe. On en trouve cependant quelques-unes.

(213)

Pietas augg. s. c. Femme debout devant un autel; médaille
rare. *L'an de Rome* 1004. (*P. B.* — 1).

32. V O L U S I E N. *Même année.*

N°. 140.

Imp. cæ. c. vib. volusiano aug. Tête de Volusien avec une
couronne radiale.

Pax. augg. Femme debout; tenant une branche d'olivier.
L'an de Rome 1004. (*Arg.* — 1).

33. G A L L I E N. *L'an de R.* 1006 *, de J. C.* 253.

N°. 141.

Gallianus aug. Tête de Gallien radiée.

Dianæ cons. aug. Une biche. *L'an de Rome*, 1016.
(*P. B.* — 1).

N°. 142.

Gallienus aug. Même tête.

Virtus aug. Guerrier debout tenant un globe et une haste.
L'an de Rome 1009. (*P. B.* — 1).

N°. 143.

Imp. gallienus aug. Même tête.

Pax æterna aug. Femme debout tenant une branche d'olivier. *L'an de Rome* 1014. (*P. B.* — 1).

N°. 144.

Gallienus aug. Même tête.

Marti pacifero. Mars appuyé sur son bouclier, et portant
une branche d'olivier. *Même année.* (*P. B.* — 1).

34. POSTUME. *L'an de R.* 1012, *de J.C.* 259.

N°. 145.

Imp. m. cass. lat. postumus p. f. aug. Tête de Postume avec une couronne radiale.

Virtus aug. s. c. Guerrier debout. *L'an de Rome* 1012. (*G. B.* — 1).

N°. 146.

Imp. c. postumus p. f. aug. Même tête.

Pax aug. Femme debout, tenant un rameau d'olivier. *Même année.* (*Arg.* — 1).

N . 147.

Même légende. Même tête.

Lætitia aug. Une galère. *Même année.* (*Arg.* — 1).

N. 148.

Même légende. Même tête.

Pax. aug. Même type qu'au n°. 146. *Même année.* (*P. B.* — 1).

35. VICTORIN. *L'an de R.* 1015, *de J. C.* 262.

N°. 149.

Imp. c. victorinus p. f. aug. Tête de Victorin, radiée.

Providentia aug. Femme debout, tenant une corne d'abondance , et s'appuyant sur un bâton. *L'an de R.* 1021. (*P. B.* — 1).

36. CLAUDE II, dit le Gothique. *L'an de R.* 1021, *de J. C.* 268.

N°. 150.

Divo claudio. Tête de Claude, radiée.

Fortunæ red. La Fortune tenant un gouvernail, et une corne d'abondance. *L'an de R.* 1023. (*P. B.* — 1).

37. TETRICUS, Père. *L'an de R.* 1021, *de J. C.* 268.

N°. 151.

Imp. tetricus p. f. aug. Tête de Tetricus, radiée.

Hilaritas augg. Femme debout, tenant une palme et une corne d'abondance. *L'an de R.* 1027. (*P. B.* — 1).

N°. 152.

Même légende. Même tête.

Virtus aug. Guerrier passant (*L'an de R.* (*P. B.* — 1).

N°. 153.

Même légende. Même tête.

Pax aug. Femme debout, tenant l'olivier. *Même année.* (*P. B.* — 2).

N°. 154.

Même légende. Même tête.

Spes aug. L'espérance debout. *Même année (P. B.* —

N°. 155.

IMP. C. TETRICUS. P. F. AUG. Même tête.

VICTORIA AUG. Victoire passant. *Méme année.* (*P.B.* — 1).

38. TETRICUS, Fils. *L'an de R.* 1021, *de J.C.* 268.

N°. 156.

C. PIVESU. TETRICUS CÆSAR. Tête du jeune Tetricus radiéc.

SPES PUBLIÇA. Type de l'espérance. *Méme année.* (*P.B.* —3).

39. PROBUS. *L'an de R.* 1029, *de J. C.* 276.

N°. 157.

VIRTUS PROBI AUG. Buste de l'empereur, armé d'un casque couronné et d'une cuirasse; il tient son javelot sur l'épaule.

MARTI PACIF. Mars passant et tenant une branche d'olivier; dans le champ est la lettre I, et dans l'exergue QXXI. *L'an de R.* 1032, (*P. B.* — 1).

N°. 158,

IMP. C. M. AUR. PROBUS. AUG. Tête de Probus, radiée.

VIRTUS AUGUSTI. L'empereur armé et foulant aux pieds un ennemi. Dans le champ IIII, dans l'exergue QXXI. *L'an de R.* 1035, (*P. B.* — 1).

N°. 159.

Même légende. Même tête.

FIDES MILITUM. Femme debout, tenant deux enseignes militaires. Dans l'exergue IIII. *L'an de R.* 1029. (*P. B.* — 1).

N°. 160.

Même légende. Même tête.

Temporum felicitas. Femme debout, tenant un javelot et une corne d'abondance. *Même année.* (*P. B. Saucé.* — 1).

40. MAXENCE. *L'an de R.* 1059, *de J. C.* 306.

N°. 161.

Imp. c. maxentius p. f. aug. Tête de Maxence, couronnée de laurier.

Conserv. urb. suæ. Un temple à six colonnes, au milieu duquel est assise la déesse Rome, tenant un globe ; dans l'exergue r. b. t. *L'an de R.* 1059. (*M. B.* — 1).

41. LICINIUS, Père. *L'an de R.* 1060, *de J. C.* 307.

N°. 162.

Imp. p. lic. licinius p. f. aug. Tête de Licinius couronnée de laurier.

Jovi conservatori. Jupiter Nicephore. Dans le champ b.; dans l'exergue sis. *L'an de R.* 1060. (*Billon.* — 1).

(Cette tête n'est pas gravée, parce que les Planches étoient terminées lorsque cette Médaille a été découverte.)

42. CONSTANTIN. *L'an de R.* 1059, *de J. C.* 316.

N°. 163.

Constantinus aug. Tête de Constantin le Grand, couronnée de laurier.

(218)

Providentiæ aug. Une Porte de ville. (*L'an de R.* 1060. (*P. B. —* 2). Dans l'exergue rsis.

N°. 164.

Imp. constantinus aug. Même tête.

Soli invicto comiti. Le Soleil passant. *L'an de R.* 1061. (*P. B.* — 3).

N°. 165.

Constantinus max. aug. Même tête.

Gloria exercitus. Deux Soldats armés ; entre eux sont deux enseignes militaires. *L'an de R.* 1070. (*P. B.* — 2).

N°. 166.

Urbs roma. Tête de Rome casquée.
(*Sans légende*). La Louve allaitant Remus et Romulus. (*P. B.* — 2).

N°. 167.

Constantinopolis. Tête de Constantin, avec un casque entouré de laurier.
(*Sans légende*). Une Victoire debout, s'appuyant sur un bouclier. Dans l'exergue tr. s. (*P. B.* — 2).

43. C R I S P E. *L'an de R.* 1069 , *de J. C.* 316.

N°. 168.

Crispus. nob. cæs. Tête de Crispe, couronnée de laurier.
Beata tranquillitas. Un cippe, sur lequel est écrit : votis xx. Dans le champ c. r. ; dans l'exergue plc. *L'an de R.* 1079. (*P. B.* — 1).

N°. 169.

Jul. crispus. nob. c. Même tête.

Cæsarum nostrorum. Au milieu d'une couronne, vot. x.; et dans l'exergue pax. *Même année.* (*P. B.* — 1).

N°. 170.

d. n. fl. jul. crispus. nob. cæs. Même tête.

Jovi conservatori. Jupiter Nicephore; à ses pieds, sont une aigle, et un captif enchaîné; dans l'exergue skat. *L'an de R.* 1070. (*P. B.* — 1).

44. CONSTANTIN, jeune. *L'an de R.* 1069, *de J. C.* 316.

N°. 171.

Constantinus jun. n. c. Tête du jeune Constantin, casquée.

Beata tranquillitas. Un cippe surmonté d'un globe et de trois étoiles, et sur lequel on lit : votis xx.; dans l'exergue p. lon. *L'an de R.* 1089. (*P. B.* 1).

N°. 172.

Constantinus jun. nob. c. Même tête, avec un diadême orné de perles et de pierres précieuses.

Gloria exercitus. Deux guerriers armés; entr'eux sont deux enseignes militaires. *L'an de R.* 1070. (*P. B.* — 1).

45. CONSTANT. *L'an de R.* 1088, *de J.C.* 335.

N°. 173.

Constans p. f. aug. Tête de Constant, ornée d'un diadême.

GLORIA EXERCITUS. Deux guerriers armés; entr'eux est une enseigne militaire, sur laquelle se trouve la lettre M. dans l'exergue TR. P. (*frappée à Trèves*). (*P. B.* — 1).

46. CONSTANCE II. *L'an de R.* 1078, *de J. C.* 325.

N°. 174.

FL. CONSTANTIVS P. F. AUG. Tête de Constance, avec le diadême.

GLORIA EXERCITUS. Même type qu'au n°. 172. (*P. B.* — 1).

N°. 175.

D. N. CONSTANTIVS P. F. AUG. Même tête.

FEL. TEMP. REPARATIO. Un homme debout, sur une galère conduite par la victoire assise; il tient d'une main le *labarum*, et de l'autre une image de la victoire; sur l'enseigne on voit le monogramme du Christ. *L'an de R.* 1095. (*M. B.* — 1)

N°. 176.

Même légende. Même tête; dans le champ H.
Même légende.
Un guerrier perce de son javelot un barbare qui demande grace, et dont le cheval est terrassé près de lui; au-dessus du bonnet du vaincu est une étoile, et à côté, dans le champ, la lettre A; dans l'exergue P. Q. (*M. B.* — 1).

47. MAGNENCE. *L'an de R.* 1103, *de J. C.* 350.

N°. 177.

D. N. CÆ. MAGNENTIUS P. F. AUG. Tête de Magnence, nue.

FELICITAS REIPUBLICÆ. Guerrier debout, tenant une petite figure de la victoire, et portant le *labarum* sur lequel est le monogramme du Christ; dans le champ A. *L'an de R.* 1104. (*M. B.* — 1).

48. JULIEN III, dit l'Apostat. *L'an de R.* 1108, *de J. C.* 355.

N°. 178.

D. N. FL. CL. JULIANUS P. AUG. Buste de Julien, armé d'un bouclier et d'un javelot; son casque est orné du diadême; il porte une barbe longue à la manière des philosophes.

VOT. X. MULT. XX. (Dans une couronne); dans l'exergue ANTA. *L'an de R.* 1116. (*P. B.* — 1).

49. VALENTINIEN Ier. *L'an de R.* 1117, *de J. C.* 364.

N°. 179.

D. N. VALENTINIANUS P. F. AUG. Tête de Valentinien, ornée du diadême.

GLORIA ROMANORUM. Un guerrier portant le *labarum*, avec le monogramme du Christ, et traînant par les cheveux un ennemi vaincu; dans le champ F. R. C. A.; dans l'exergue, RSISCI. *L'an de R.* 1124. (*P. B.*—1).

50. VALENS. *L'an de R.* 1117, *de J. C.* 364.

N°. 180.

D. N. VALENS P. F. AUG. Tête de Valens, avec le diadême.

Securitas reipublicæ. Une victoire passant ; dans l'exergue tr. s. *L'an de R.* 1120. (*P. B.* — 2).

51. GRATIEN. *L'an de R.* 1120, *de J. C.* 367.

N°. 181.

d. n. gratianus. p. f. aug. Tête de Gratien, avec le diadême.

Securitas reipublicæ. Victoire passant. *L'an de R.* 1130. (*P. B.* — 1).

52. MAXIME. *L'an de R.* 1136, *de J. C.* 383.

N°. 182.

d. n. mag. maximus p. f. aug. Tête de Maxime, avec le diadême.

Reparatio reipublicæ. Figure de femme, avec une couronne murale, agenouillée et implorant une figure debout, revêtue du paludament ; dans l'exergue tcon. *L'an de R.* 1136. (*M. B.* — 2).

53. THÉODOSE. *L'an de R.* 1132, *de J. C.* 379.

N°. 183.

d. n. theodosius p. f. aug. Tête de Théodose, avec le diadême.

Salus reipublicæ. Victoire vue de face, et tenant une couronne ; dans le champ est une croix (*QUINAIRE* — 1).

54. HONORIUS. *L'an de R.* 1146, *de J. C.* 393.

N°. 184.

d. n. honorius p. f. aug. Tête d'Honorius, avec le diadême.

(223)

Gloria romanorum. Guerrier debout, revêtu du paludament, tenant un globe et portant le *labarum*; dans l'exergue
smki. *L'an de R.* 1149. (*P. B.* 1).

Il résulte du détail que je viens de faire, que sur environ
trois cents médailles antiques, recueillies dans les jardins du
sénat, il s'en est trouvé deux cent cinquante-cinq romaines,
dont quatre de familles consulaires, et le reste impériales. Il
y en avoit vingt-quatre d'argent et deux cent trente-une de
bronze dans les trois modules.

Cette suite curieuse, composée de cent quatre-vingt-quatre
types différens, embrasse un espace de près de cinq cents
ans. On y trouve les têtes de quarante-six empereurs, de six
impératrices, et de deux grands hommes, Agrippa, désigné
successeur d'Auguste, et le vertueux Germanicus, qui n'eut
que le titre d'*imperator* (général), et que ses vertus ne
purent garantir de la cruauté de Tibère ; je ne crois pas
devoir rien ajouter sur l'intérêt de cette découverte, qui
auroit pu s'augmenter de plusieurs médailles perdues ou dis-
persées, et que je n'ai pu me procurer.

Outre les monumens antiques dont j'ai parlé, j'ai recueilli
une prodigieuse quantité d'autres objets, parmi lesquels se
trouvent principalement beaucoup de monnoies et de jetons de
toute espèce ; un cadran de berger ; trois cachets gothiques et
deux autres plus modernes, dont un d'argent ; une bague
d'or avec une belle pâte gravée en creux ; des boucles, des
gardes d'épée ; un médaillon de vétéran ; une plaque de cein-
turon avec les armes d'Autriche ; une pâte de verre représentant Marie de Médicis ; un reliquaire en cuivre ; plusieurs
poids dont quelques-uns sont fort anciens ; des dez à coudre
et à jouer, etc., etc. Je ne parle de toutes ces choses que

sommairement et pour prouver que les antiquités que j'ai découvertes dans le sol de Paris, y ont été enfouies dans des
tems très-reculés, puisqu'elles ont été trouvées à des pro-
fondeurs plus considérables que les objets modernes dont je
viens de parler, et qui, en général, étoient à la surface du
terrein ; il est difficile de concevoir comment dans tous les
tems il se perd une si grande quantité de choses dont la terre
devient le réceptacle, et que l'on y retrouve en différens
tems.

L'existence prouvée pendant plusieurs siècles d'une manufacture de poteries fines dans l'ancien Paris ; la quantité de
médailles gauloises et romaines recueillies dans un espace de
quelques arpens de terrein, seroient déjà des motifs suffisans
de croire que cette ville étoit plus importante que l'histoire
ne la présente. Ammien Marcellin ne lui donne que le nom
de *Castellum Parisiorum*, forteresse des Parisiens. Ce nom
ne répond pas à la splendeur et à la magnificence de cette
ville, qu'attestent le peu de monumens antiques qui y ont
été découverts. M. de Caylus est celui qui en a le plus recueilli, et qui s'est attaché à prouver l'illustration de Paris
dès les premiers tems de la domination des Romains. Je vais
rappeler ici brièvement, tout ce que ce savant antiquaire
rapporte des antiquités de cette grande capitale, et j'y joindrai
la notice de quelques autres monumens qui y ont été trouvés
plus récemment.

La découverte la plus ancienne et la plus importante est
celle des huit pierres ornées de sculptures et d'une inscription
qui furent trouvées en 1711 dans le chœur de Notre-Dame,
et qui ont fait conjecturer que cette église avoit été bâtie sur
les débris d'un temple dédié à Jupiter. J'en ai parlé à la
page 25. On peut consulter, sur cette découverte, les Mé-

moires de l'Académie des inscriptions et belles-lettres, tome 3, page 242, et l'Histoire de Paris, par dom Félibien, tom. 1er. (*Dissertation sur les antiquités celtiques, par M. Leroy*).

Le palais des Thermes, rue de la Harpe, fut autrefois un édifice considérable, bâti par les Romains. Les ruines qui existent, étoient dans la partie du bâtiment destinée à des bains publics ou particuliers ; les eaux y étoient conduites d'Arcueil par des canaux, dont on a trouvé des traces dans diverses parties de leur trajet ; et on voit dans l'intérieur de la salle, à hauteur d'appui, l'endroit qui servoit à leur écoulement. La construction de l'aqueduc d'Arcueil et celle de la salle des Thermes, ont été trouvées dans un rapport exact. (*Voyez* Caylus, tome 2, page 372, et ci-devant page 23).

L'Aqueduc d'Arcueil fut bâti par les Romains vraisemblablement dans le même tems que le palais des Thermes ; il en existe encore quelques parties qui ont été conservées avec les nouvelles constructions ; la hauteur totale de l'ancien aqueduc étoit de sept toises. (*Voyez* Caylus, tome 2, planche CXI).

L'aqueduc de Chaillot dont on a découvert une portion de massif, étoit d'une construction absolument semblable à celles des Thermes et de l'aqueduc d'Arcueil. Les tuyaux, après avoir traversé les Champs-Elysées et la place de la Concorde (Louis XV), se perdoient dans les Tuileries ; c'est du même aqueduc que l'on crut reconnoître des vestiges dans le jardin du Palais-Royal en 1781. (*Voyez* ci-devant page 26.)

L'amphithéâtre ou *les arènes*, suivant le père Monfaucon, Leroy et Caylus, a dû exister entre les pères de la Doctrine et la rue Saint-Victor ; le clos situé en cet endroit, et que l'on nommoit encore en 1284, *les Arènes*, est indiqué dans un plan du fief du Chardonnet. (Tome XIV de l'Académie des inscriptions et belles-lettres, page 282).

On croit qu'il y a eu aussi à Paris, *un Champ de Mars*, qu'Ammien Marcellin nomme *Campus*, et *une Place Publique*, où s'assembloit le peuple, et dont Julien parle dans sa lettre aux Athéniens. On a conjecturé que cette place étoit située au midi, et le Champ de Mars, au nord, du côté de Montmartre; mais on n'en a découvert aucune trace.

Après les antiquités trouvées dans le chœur de l'église de Notre-Dame, le monument le plus curieux, c'est la belle tête de bronze qui fut découverte en 1675, près Saint-Eustache, dans les fondemens d'une ancienne tour; elle a 21 pouces 8 lignes de hauteur, y compris la tour qui la couronne, et qui a sept pouces; ce beau monument est dans le cabinet impérial d'antiquités, et n'est pas un de ses moindres ornemens. On le trouve décrit et gravé dans plusieurs ouvrages; mais on peut principalement s'en rapporter, pour l'exactitude, à M. de Caylus. (T. II, page 379, Pl. CXIII).

En 1751, en bâtissant une maison de la rue Vivienne, on trouva, à trois toises de profondeur, huit morceaux de marbre blanc, tous travaillés en relief. M. de Caylus dit que ces sculptures furent enfouies vraisemblablement vers l'an 554, lorsque Childebert fit détruire à Paris, et dans tout le royaume, les autels, les statues, les temples, et tout ce qui avoit servi au culte des païens; quelques-uns de ces fragmens paroissoient convenir à des tombeaux, d'autres à un temple ou à la décoration de quelque palais qui avoit peut-être existé dans cet endroit. (Voy. Caylus, T. 2, page 383, Pl. CXIV et CIX).

Le n°. 1 de la Pl. CXIV paroît bien évidemment avoir fait partie d'un tombeau; mais ce morceau présente quelques singularités dont M. de Caylus n'a point parlé. Le personnage en mémoire duquel ce monument.a été érigé est revêtu du *sagum*, ou tunique gauloise; il tient un verre, qui étoit chez les premiers chrétiens le symbole de la communion. On trouve dans la basse Bourgogne un grand nombre de tombeaux des premiers tems du christianisme, sur lesquels sont représentés des personnages, tous revêtus du sagum, et tenant divers symboles cachés, tels que des verres, des paniers de fruits, des poissons, des oiseaux, etc., qui annonçoient que les défunts avoient reçu le baptême et la communion ; l'aigle romaine qui se trouve sur le fragment rapporté par M. de Caylus, indique que le tombeau dont il faisoit partie étoit celui de quelque personnage important d'origine gauloise, et attaché à l'empire par quelque emploi considérable; peut-être le verre qu'il tient est-il une marque que ce personnage s'étoit converti à la foi; peut-être aussi n'est-ce qu'un accessoire ordinaire du sujet, que les anciens mettoient fréquemment sur les tombeaux ; les défunts y étoient représentés devant une table servie, symbole de la vie qui venoit de finir pour eux.

Le n°. 2 de la même planche a de même fait partie d'un tombeau; le sujet de la sculpture a rapport aux mystères de Bacchus, et l'on sait que les anciens en mettoient le plus souvent de ce genre sur les tombeaux de ceux qui avoient été initiés à ces mystères. Le dessin de ces ouvrages, s'ils ont été copiés fidèlement, est d'un bon style, et d'une époque où les arts avoient déjà fait quelques progrès. Je n'ai pu découvrir ces deux morceaux dans le cabinet impérial, où ils ont passé avec la majeure partie du cabinet de M. de Caylus.

Ce savant a regardé les fragmens n°⁴. 1 et 2 de la Pl. CXV comme la représentation d'une prêtresse qui rend un oracle à un homme, qui l'écrit sur les tablettes avec un style. Il est fâcheux que ce docte antiquaire n'ait pas surveillé davantage les artistes qu'il employoit ; car ces deux monumens sont évidemment rendus dans un sens contraire à celui où on devroit les voir, puisque le vieillard (n°. 2) écrit de la main gauche ; cette négligence peut en faire craindre d'autres plus conséquentes , et donne des regrets à ceux qui savent que , surtout en fait de monumens antiques , on ne sauroit apporter une exactitude trop scrupuleuse dans les moindres détails que l'on copie, et qui souvent sont très-importans pour l'explication des monumens.

On voit dans le n°. 3 de la même planche un triclinium avec différens personnages, que M. de Caylus n'a pas cherché à expliquer ; un savant distingué, M. l'abbé de T...., a cru reconnoître dans cette sculpture l'un des Dioscures, Castor et la déesse de la chasse ; devant cette dernière est un autel sur lequel brûlent des parfums ; à côté est la tête du sanglier de Calydon ; vraisemblablement, dans le milieu est le défunt, qui peut-être, avoit aimé les voyages et la chasse ; c'est pour cela que l'on a placé à ses côtés deux divinités tutélaires. Ce personnage est vêtu à la romaine, et semble indiquer quelque chose de la main gauche ; je crois que ce monument est aussi copié à contre-sens ; je ne l'ai pas retrouvé non plus au cabinet impérial.

Enfin, la planche CXVI représente, n°s. 1 et 2, un ossuaire en marbre avec une inscription, ayant 10 pouces 6 lignes de largeur en tous sens, 8 pouces et demi de hauteur, et sept pouces 2 lignes de profondeur ; sous les n°s. 3 et 4, on voit le couvercle d'une autre urne ayant 14 pouces un tiers de long sur 9 pouces 7 lignes de large ; ce qui complette les huit fragmens de bas-reliefs découverts dans la rue Vivienne : ces deux derniers existent dans le cabinet d'antiquités.

M. de Caylus a placé parmi les Antiquités de Paris (planche CXVII) un cippe en marbre blanc, trouvé près du village de Maisons; on y voit quatre figures nues d'un pied 4 pouces de proportion. L'explication qu'il en donne est fort ingénieuse; et le rapprochement qu'il fait des inscriptions relatives aux mariniers de Paris, *nautæ parisiaci*, dont quelques-uns ont dû faire leur séjour à Andresy, lieu très-voisin de Maisons, rend ses conjectures sur ce monument très-vraisemblables; je l'ai examiné dans le cabinet impérial, et il a été rendu très-fidèlement (Voy. Tome 2, page 387).

Montmartre a fourni plusieurs antiquités intéressantes; on a pensé qu'il y avoit eu autrefois sur cette élévation une fonderie et un temple dédié à Mars. (Voy. Caylus, T. 2, page 389, et T. 3, page 388). Ce savant dit aussi que les fontaines qui y sont aujourd'hui existoient déjà du tems des Romains.

Parmi les monumens trouvés à Montmartre, on remarque une tête de bronze que M. de Caylus (tome III, page 288) a cru représenter *C. Cœlius Caldus;* il dit que cette tête fut peut-être fondue à Paris par un romain attaché à la famille de ce consul; cette conjecture est peu vraisemblable, mais le monument n'en est pas moins important. Cette tête fut achetée par M. Génevrier, d'un ouvrier employé aux fouilles de Montmartre, avec un bras de bronze qui, d'après le calcul des proportions, devoit avoir fait partie d'une statue de jeune homme d'environ huit pieds trois pouces de hauteur (Planche CX, t. III de Caylus). Cette tête a passé dans le cabinet impérial.

En creusant un puits au bas de la montagne, on découvrit à 32 pieds de profondeur, trois morceaux de sculpture en marbre; on voit, dans les deux premiers qui sont aussi dans le cabinet impérial, des Enfans occupés à monter dans des chars, sujet qui a été souvent traité par les anciens. Ces fragmens ne sont pas du même tems, si on en juge par la différence du travail. Le n°. 2 présente une singularité très-rare dans les monumens; c'est un Enfant monté sur un cheval, et accompagnant le bige dans lequel sont d'autres génies (*Voyez* Caylus, tome III , page 396 , Planche CIX). Le 3ᵉ. fragment gravé sous le n°. 4 de la Planche CX., ne représente qu'une tête d'enfant, de proportion plus forte que celle des précédens.

Dom Martin (*Relig. des Gaulois*, tome II, page 40) rapporte un petit buste de Cybèle, dont je suis étonné que M. de Caylus n'ait pas parlé ; il fut trouvé au bas de Montmartre, et appartenoit à M. Moreau de Mautour. Une chose assez remarquable , c'est la variété des têtes couronnées de Tours qui ont été découvertes à Paris , et dont je publie la troisième. (Planche Iᵉʳᵉ.)

On a trouvé en 1735, quai des Tournelles , à dix pieds de profondeur, trois autres fragmens de sculptures en marbre, dont deux représentoient des torses de figures d'homme ; l'un est vu par devant, et l'autre par le dos; ils ont treize pouces de haut sur cinq pouces de saillie. Le troisième est un fragment d'une Statue de guerrier, de quatorze pouces de hauteur ; elle devoit avoir, avec la tête, vingt à vingt-un pouces. C'est un ouvrage de mauvais goût qui paroît avoir été exécuté dans les Gaules. On remarque dans la chaussure , le mélange du chausson gaulois avec les lacets romains.

J'ai déjà parlé des fouilles de Sainte - Géneviève, et de la découverte de puits immenses d'où l'on avoit tiré les terres qui servoient à la fabrication des poteries ; outre les fragmens de vase , un style d'ivoire et les médailles que l'on retira des décombres, on y trouva encore plusieurs autres antiquités, que M. de Caylus rapporte (tome III, pages 402 et suivantes, Planches CXI et CXII), et dont voici le détail.

Un vase de bronze qui, à en juger par les débris, et le fond dont le diamètre étoit de six pouces, devoit être d'un volume assez considérable; mais il étoit tellement oxidé, que la moindre pression le réduisoit en poussière. L'anse de ce vase, qui avoit été fondue massive, avoit résisté au tems et étoit demeurée entière; son poids étoit de plus d'une livre. La forme de cette anse est curieuse; on voit sur sa longueur deux têtes de guerrier en saillie, et la partie inférieure est terminée par le buste d'une victoire; M. de Caylus dit simplement un buste de femme; on apperçoit cependant très-bien les rudimens des ailes qui le caractérisent. Ce buste est d'une exécution très-agréable. Cette anse avoit cinq pouces un tiers de longueur sur un pouce et demi de largeur. M. de Caylus en fit présent au cabinet de Sainte-Géneviève.

Quelques jours après on trouva une autre anse de vase, d'un travail moins élégant que celui de la précédente; on y remarque seulement l'aigle romaine.

On découvrit encore un petit vase posé sur cinq boules, et percé par le milieu; une meule de moulin à bras bien conservée; une tête de bronze de treize lignes sur dix, évidée par derrière, avec un tenon pour la fixer sur le cuir; la moustache semble indiquer que c'est la représentation d'un barbare; enfin un fragment de bronze, de trois pouces de longueur sur quatorze lignes de hauteur, avec des ornemens de mauvais goût.

En démolissant l'une des piles de l'ancien pont au change, près de l'horloge du Palais, on trouva trois figures en terre cuite, dont deux étoient couvertes d'émail, et un cippe quadrangulaire en marbre, orné de sculptures en bas-relief.

M. l'abbé de T*** a bien voulu me communiquer un dessin qu'il a fait faire de ces sculptures , et m'a permis de publier ce morceau qui étoit encore inédit.

Sur la première partie est un Mercure vu de face et debout; sur sa tête est le pétase; il porte sur le bras gauche la chlamyde et le caducée surmonté d'un coq; de la main droite il tient une bourse, et à ses pieds , du même côté , est un animal couché qui ressemble à une chèvre , autant que sa mutilation permet d'en juger; ce devroit être un belier.

Sur la seconde face est une Figure, vue de profil et posant le pied droit sur une espèce d'autel; elle est couverte d'un manteau (1) boutonné sur l'épaule, ou plutôt de la chlamyde; des ailes sont à ses épaules et sur sa tête ; enfin elle tient de la main droite une boule.

On voit sur le troisième côté Apollon aussi couvert de la chlamyde; il s'appuie de la main gauche sur sa lyre , et tient de la droite un *plectrum* terminé par une tête d'oiseau ; on apperçoit son carquois au-dessus de l'épaule gauche.

La quatrième Figure est vraisemblablement Hygiée; sa tête est voilée et ornée d'un diadême ; sa tunique est serrée au-dessous de la gorge par une ceinture étroite, et elle tient un caducée.

Je m'étois flatté de découvrir ce monument dans le cabinet impérial où je sais qu'il a été autrefois déposé , mais mes recherches ont été infructueuses. J'aurois voulu vérifier l'exactitude du dessin , d'après lequel je viens de faire une courte description de ce marbre; il représente certainement des divi-

_____

(1) Le père Paciaudi appèle ce manteau boutonné sur l'épaule, un petit *Pallium*, et dit que ce vêtement étoit particulier à Mercure, qui en est couvert sur une infinité de Monumens. (Voyez *Lettres de Paciaudi* , Paris 1802, pag. 190).

nités romaines, mais leur composition et la singularité de leurs attributs, annoncent que c'est un ouvrage fait dans les Gaules après l'invasion des Romains. Je n'ai pu recueillir, au surplus, aucun renseignement sur les dimensions de ce cippe.

Je ne dois pas oublier, parmi les Antiquités de Paris, la belle épée de bronze qui fut trouvée dans la rue Vivienne, et dont M. l'abbé de T. . . est possesseur. Le père Montfaucon l'a fait graver dans son *Antiquité Expliquée* (tom. 4, part. 11). Il pense que cette épée est une de celles dont Strabon dit (lib. 4.) que les Gaulois se servoient ; ils les portoient ordinairement suspendues au côté droit ; et, comme elles étoient sujettes à se courber par le choc, dans les combats, ils les redressoient avec la pointe du pied.

En construisant le palais d'Orléans (du Sénat), on trouva dans les fondations une petite statue en bronze, de Mercure.

Les représentations de ce Dieu ont été très-multipliées dans les Gaules. On y a découvert une infinité de monumens qui prouvent que son culte y étoit plus généralement répandu que celui des autres divinités. Dom Martin, (*Religion des Gaulois*) en rapporte plusieurs, et entre à ce sujet dans des détails très-étendus. Châlons-sur-Saone et ses environs, recéloient plusieurs figures et inscriptions relatives à Mercure. Un village, voisin de cette ville, a conservé le nom de *Mercurey ;* et il existe tout près de là, des ruines d'un temple de ce dieu, dont la statue s'y trouve encore. M. Vincent, maire du petit village de Saint-Marcel-les-Châlons, a sauvé de la destruction une pierre sculptée assez curieuse, qui fut découverte dans le chœur de la cathédrale de Châlons. Elle a environ 4 pieds de haut sur 2 et demi de large, et 7 à 8 pouces d'épaisseur ; elle représente Mercure avec la chlamyde qui lui couvre la poitrine et retombe en arrière ; il tient la bourse et le caducée ; il est entouré d'un belier, d'un coq et d'une tortue ; au-dessus de son épaule droite , est une petite figure revêtue du sagum, qui représente vraisemblablement le personnage gaulois qui avoit consacré ce monument au dieu du commerce. Le tout est d'un travail des plus grossiers, et on voit dans la partie supérieure, une inscription dont les lettres sont presqu'indéchiffrables. On lit cependant *Deo Mercurio Aug. Sacro.* . . . . Mais ce qu'il y a de plus singulier dans ce monument, c'est que sur la tranche de la pierre, à gauche de la statue, se trouve un double *phallus* bien prononcé, et en quelque sorte, mieux exprimé que le reste de la sculpture.

Le couvent des Carmelites, faubourg Saint-Jacques, a été bâti à la place de l'église de Notre-Dame-des-Champs ; et cette dernière avoit remplacé , à ce que l'on croit, un temple dédié à Mercure. On a trouvé en différens tems, dans les environs et dans l'enceinte même du couvent des Carmelites , plusieurs monumens antiques, des urnes cinéraires, des médailles, des fragmens de sculptures en marbre , et d'autres objets qui ont été dispersés ou perdus. On croit que cet endroit a servi , pendant très-long-tems, de sépulture aux habitans de Paris. Les anciens avoient coutume de placer leurs cimetières dans le voisinage, et hors de l'enceinte des villes. Lorsque les terreins qui environnoient Paris, et qui étoient restés vagues et inhabités, commencèrent à être cultivés , on y forma différens clos, comme je l'ai dit dans mes Recherches sur la Capitale (pag. 38). Le plus considérable de tous, étoit celui des Mureaux qui s'étendoit vers Notre-Dame-des-Champs, (les Carmelites) et la rue de la Bourbe. L'abbé Lebeuf a pensé que ce clos avoit pris son nom des petits murs qui servoient de séparations aux sépultures, et dont on y voyoit encore des restes.

(235)

En 1805 on trouva, en creusant les fondations de la voûte
d'un égout au bord de la Seine, en face de la rue des Petits-
Augustins, plusieurs médailles d'or, de Philippe père d'A-
lexandre; mais la fabrique grossière de ces monnoies annonçoit qu'elles avoient été frappées dans les Gaules, à l'imitation
de celles que les Grecs y avoient apportées. Ces médailles ont
été vendues à différentes personnes; celle que j'ai vue n'étoit
pas d'une parfaite conservation; et le métal m'en a paru moins
pur que celui des médailles d'or de Philippe, frappées dans
la Grèce. Ces dernières, suivant Patin, sont d'or, à 23 karats
seize grains, c'est-à-dire, du métal le plus pur que l'on puisse
employer. On a remarqué que les médailles de Philippe, soit
en or soit en argent, sont celles que les Gaulois ont principalement copiées. On connoît des médaillons d'argent frappés
dans les Gaules, dont la fabrique barbare permet à peine de
reconnoître d'un côté la tête de Jupiter Olympien, et de
l'autre, un homme à cheval avec différentes lettres et symboles; ce sont les types des médaillons de Philippe, grossièrement imités.

Petau a fait mention de la découverte de deux squelettes
enterrés dans le sable, qui furent trouvés rue de la Tisseranderie, en rebâtissant une maison qui avoit fait partie de l'ancien hôtel des Comtes d'Anjou. Ces squelettes étoient envi-
ronnés de plusieurs vases de verre et de terre, et d'autres
objets que l'on avoit coutume de placer auprès des morts;
ils tenoient chacun, dans la main droite, une médaille dont
l'une se trouva de Néron, et l'autre de Magnence. Étoit-ce par
un effet du hasard seulement que l'on avoit enfoui avec ces
hommes, les images de deux tyrans qui avoient régné à des
époques bien différentes?

On peut regarder comme faisant partie des Antiquités de la

Capitale, les tombeaux qui furent découverts à Choisy, en 1748 et 1751 ; et les squelettes trouvés à peu près dans le même tems à Asnières, près Clichy - la - Garenne. Ces squelettes avoient entre les jambes différens vases de terre. On y trouva aussi quelques médailles que l'on ne put déchiffrer, et deux agraffes ou fibules de bronze, de deux pouces huit lignes de hauteur, sur un pouce huit lignes de largeur ; sur l'une étoit écrit, DOMINE MARTI VIVAS ; et sur l'autre, UTERE FELEX. Ces agraffes paroissoient être du quatrième ou cinquième siècle de l'église. M. de Caylus croit que le village d'Asnières avoit été autrefois considérable. On dit qu'un des rois de la première race y avoit une maison de campagne ; et l'endroit où les squelettes furent découverts, paroissoit avoir servi long-tems de sépulture aux habitans du voisinage. (Voy. *Rec. d'Antiq.*, tom. 1, pag. 196 et 256).

J'ai retracé, autant que je l'ai pu, tout ce qui tend à prouver l'illustration de la Capitale de l'Empire Français, dans des tems très-reculés. J'ai rappelé, à la suite de la découverte que j'ai faite dans les Jardins du Sénat, toutes les antiquités qui ont été recueillies à Paris, ou qui y existent encore.

J'ai rempli la tâche que je m'étois imposée. Je ne me dissimule pas que mon zèle et mes efforts, ont été au-dessous d'un sujet aussi vaste et aussi important ; mais mon tems aura été bien employé, si les Savans, qui pourront s'en occuper plus dignement et plus fructueusement, trouvent dans cet essai quelques matériaux utiles. Je finis par l'expression du vœu que je fais, pour que le Gouvernement autorise l'établissement d'un Musée véritablement national, c'est-à-dire, uniquement composé de monumens antiques recueillis en France. Voici quelques idées à ce sujet, que l'on me permettra d'exposer ici.

Les conquêtes de Napoléon-le-Grand ont enrichi la France

de quantité de monumens des arts, aussi rares que précieux. Les galeries de peinture et de scuplture, n'ont pas d'égales dans le Monde, pour le nombre, pour le choix et la beauté des ouvrages qui les décorent. Les nouvelles salles que la restauration du Louvre permettra bientôt d'ajouter au Musée Napoléon, renfermeront le complément de la magnifique collection des scupltures antiques, dont la plus grande partie est déjà exposée à l'admiration ; des monumens égyptiens, grecs et romains, en statues de marbre et de bronze, en vases et autres objets précieux, y seront classés, avec l'ordre et le goût dont le savant directeur général des Musées à déjà si souvent fait preuve. Il seroit à desirer qu'une de ces salles fût particulièrement destinée aux figurines de bronze, et aux autres monumens de peu de volume qui sont en ce moment dans le cabinet de la bibliothèque impériale, et dont la place est nécessairement à la suite des chef-d'œuvres de l'antiquité, que l'on voit au Musée central. On élagueroit sans doute de cette collection, assez nombreuse et assez riche d'ailleurs, tout ce qui ne porte pas d'une manière authentique le cachet de l'antiquité; il est quelques monumens rares, dont on conserve des copies, et cela est même souvent utile ; mais ces ouvrages surmoulés doivent être mis à part, comme dans la belle galerie de Florence, où l'on a rassemblé, dans une salle particulière, tout ce qui a été moulé d'après l'antique. On pourroit encore distraire de cette collection, sans l'appauvrir beaucoup, tout ce qui a été recueilli en France, pour le classer séparément, comme je le dirai bientôt. Le cabinet impérial conserveroit deux genres de monumens assez importans et assez nombreux, les médailles et les pierres gravées. Les médailles sont, malgré leur nombre, arrangées avec le plus grand ordre. M. Mionnet, l'un des employés du cabinet impérial, en a multiplié les types par des empreintes en soufre, très-bien faites, et dont il a porté la collection à près de vingt mille. Cette manière de copier vaut mieux que les gravures, parce qu'il est rare qu'il n'échappe pas à l'artiste quelques détails, souvent importans pour la comparaison des monumens, au lieu que le soufre donne la chose elle - même, et avec toutes ses parties. M. Mionnet s'est occupé d'un autre travail aussi important pour les amateurs de la numismatique ; c'est un Catalogue raisonné de médailles grecques et latines, avec leurs degrés de rareté et leurs prix. Le premier volume de cet intéressant ouvrage est en vente, et les deux autres sont sous presse.

Les pierres gravées, dont l'ensemble offre une suite bien précieuse et bien rare, ne sont pas classées, ce me semble, avec l'ordre convenable ; il faudroit que l'antique soit en intailles, soit en relief, fût séparé et arrangé d'après les époques de l'art ; on placeroit ensuite les ouvrages de la renaissance, et enfin tout ce qui est moderne. Cet ordre méthodique, qui n'exigeroit de la part des érudits, chargés de la conservation de cette belle collection, qu'un peu de patience et de tems, me paroît indispensable, et seroit très-utile à ceux qui s'occupent de la glyptique.

Depuis quelques années la collection des pierres gravées a été considérablement augmentée et enrichie ; plusieurs n'ont pas été publiées, ou l'ont été isolément dans quelques ouvrages. Celui dans lequel M. Mariette avoit rassemblé les plus belles pierres gravées du cabinet du roi, ne renferme qu'une petite partie de celles qui sont aujourd'hui dans le cabinet impérial. Ne serait-il pas digne des savans conservateurs de ce cabinet, qui ont si souvent fait preuve d'érudition, de publier la totalité des pierres gravées qui leur sont confiées, et d'enrichir cet ouvrage de dissertations et de remarques sur les sujets qui

y sont représentés, sur le travail et les matières de ces monumens? Ce seroit multiplier pour les amateurs, et principalement pour les étrangers qui ne peuvent pas visiter la Capitale
de l'empire français, la jouissance de cette belle collection.

Je me suis écarté au milieu de ces observations, que mon
zèle pour la science pourra faire excuser, de l'objet que je
m'étois proposé d'abord. Je reviens au Musée national, dont je
voulois démontrer l'utilité et les avantages.

Dans tous les tems on a attaché un mérite particulier aux
choses rares que l'on trouve dans le pays que l'on habite ; cela
s'applique plus particulièrement aux monumens de l'antiquité.
Il est peu d'endroits en France où l'on n'en découvre journellement ; toutes ces choses deviennent le plus souvent la
proie de la cupidité et de l'ignorance, et sont détruites ou dis-
persées. S'il y avoit dans la Capitale un endroit spécialement
destiné à recueillir tous les monumens antiques trouvés en
France, on verroit chaque jour, avec quelques soins et très-peu
de dépense, cette collection s'augmenter et s'enrichir. Chaque
objet y étant classé, avec la date et le lieu de sa découverte, les
Savans, qui s'occupent de recherches sur l'ancienne Gaule, trou-
veroient dans ces monumens des documens qui appuieroient
leurs conjectures ; ils fourniroient la matière de dissertations
curieuses, et feroient certainement renaître partout le goût de
l'antiquité, presqu'éteint aujourd'hui. On pourroit fouiller,
avec la certitude d'y faire une ample récolte, le plateau du
Châtelet, dont les deux tiers n'ont pas été touchés ; le *Mons
Seleucus*, dont on a à peine effleuré l'ancien sol, et tant d'autres
endroits, où jadis ont existé des établissemens considérables,
dont la terre recèle des restes précieux, qui en sortiroient
pour devenir, dans le Musée français, les témoins irrécusa-
bles de l'antique splendeur de la France.

Peut-être conviendroit-il au Sénat de former ce Musée dans son palais ; il seroit facile d'y consacrer un local suffisant à la suite de la galerie de peinture, ou dans les appartemens du rez-de-chaussée. Le sénatus-consulte organique portoit, qu'il seroit établi, dans le palais du Sénat, une galerie de peinture, une bibliothèque et un cabinet de médailles. Le premier de ces établissemens existe; il est aussi complet et aussi intéressant qu'il peut l'être dans la Capitale où il tient le second rang ; les deux autres ne pourroient qu'ajouter à l'embellissement du palais du Sénat, et présenteroient aux membres distingués en tous genres, qui composent ce premier corps de l'État, des délassemens dignes d'eux.

On pourroit placer dans le musée du Sénat, non-seulement les monumens antiques recueillis en France, mais encore tous ceux qui tiennent à l'histoire de ce grand empire ; principalement les médailles qui forment une collection très-intéressante et très-suivie. Les ouvrages de Warin, de Duvivier père et fils, de Mauger, qui a réduit le module de la suite des médailles de Louis XIV, qui est de plus de 300 ; de Rœttiers, Marteau, Lorthier, Gatteau, Dupré, et de plusieurs autres artistes distingués, fourniroient une suite de médailles françaises des plus curieuses. On réuniroit à celles qui ont illustré les évènemens les plus remarquables des derniers règnes, toutes les médailles de la révolution, qui forment une suite aussi singulière que rare. Cette collection se compléteroit et s'enrichiroit, non-seulement de tout ce qui a déjà paru, depuis que les évènemens les plus extraordinaires et les plus heureux ont immortalisé le nom de Napoléon, mais de tout ce que les exploits mémorables de l'invincible empereur des Français feront sans doute exécuter pour en perpétuer le souvenir. Que de choses se présentent au génie et à l'émulation de nos artistes! Les ponts, les fontaines, les arcs de triomphe, les embellissemens sans nombre de la Capitale, sont autant de sujets à traiter; mais la carrière la plus vaste qui s'ouvre pour les arts, c'est cette longue chaîne de victoires et d'exploits guerriers, qui fourniront long-tems des matériaux à nos peintres et à nos graveurs sur métaux.

Si, comme sous Louis XIV, on se fût attaché à retracer sur les médailles, tous les évènemens importans qui ont signalé presque tous les momens du règne de Napoléon, son histoire métallique de quelques années, surpasseroit bien certainement, pour le nombre et pour l'importance, celle du règne long et heureux de ce monarque. Il seroit à desirer que, de nos jours, cette manière de perpétuer le souvenir des grandes actions, ne fût pas aussi négligée, et nous verrions bientôt paroître la suite la plus intéressante et la plus nombreuse de médailles historiques; mais il faudroit que les Savans fussent invités à payer au héros français le tribut de leur érudition, en composant pour ces monumens des légendes dignes de transmettre à la postérité tant de faits mémorables qui y seroient retracés; et que le génie de nos artistes s'exerçât fréquemment à des compositions convenables à la numismatique; c'est un genre particulier qui demande beaucoup de précision, et une grande connoissance des allégories. Nous avons encore des graveurs dont le burin peut produire des ouvrages dignes de figurer auprès de ceux qui ont illustré les règnes de Louis XIV et de Louis XV. MM. Duvivier, Gatteau, Dupré, Droze, Galle, Andrieux, Jeuffroi, Gingembe, ont fait preuve de leurs talens dans la gravure sur métaux; et il me semble que cette partie de l'art est assez importante, pour que le gouvernement accorde quelques encouragemens à une école en ce genre.

Le Sénat est le dépositaire des archives constitutionnelles

de l'Empire, il pourroit le devenir encore des archives métalliques de la France; et si pour l'amusement de ses membres,
dont plusieurs s'occupent de l'archaéologie, le Sénat vouloit
réunir à cette collection, tout à fait nationale, une suite de
médailles antiques, il lui seroit aisé d'obtenir de la munifi-
cence de Sa Majesté, d'en choisir une suite parmi les doubles
de la bibliothèque impériale, qui sont de plus de vingt-cinq
mille.

On m'excusera d'avoir exposé si librement et si franche-
ment mes idées sur des établissemens et des changemens qui
pourroient peut-être déplaire, ou contrarier quelques intérêts;
mais je n'ai voulu heurter personne; je n'ai eu d'autre motif
que mon attachement pour mon pays, et d'autre but que le
desir de contribuer, autant que cela pourroit dépendre de
moi, à son illustration et à sa gloire.

J'ose prendre la liberté de faire hommage de cet Essai au
premier Corps de l'État; j'espère qu'il voudra bien recevoir,
avec indulgence, ce foible tribut de mon dévouement pour lui,
et de mon admiration, de ma soumission et de mon respect
pour le Chef auguste de l'empire.

TABLE

Des Matières contenues dans ce Volume.

Fin de la Table des Matières.

TABLE

ALPHABÉTIQUE ET RAISONNÉE.

A.

lieu à de grandes discussions entre les savans; auteurs qui les ont décrites et publiées; elles sont aujourd'hui dans le Musée Français, pages 25 et 224. — Revue de toutes les antiquités trouvées à Paris, depuis 1711 jusqu'à ce jour, page 224 et suivantes.

— Donne le premier un tigre en spectacle à Rome, page 175.
— Médailles de ce prince, page 188.

B.

Barbares. Leur invasion dans les Gaules, page 33.

Bois. Employés par les anciens dans les arts. Monumens et statues de cette matière, pages 84 et 86.

Boucle d'oreille en bronze, ayant la forme d'un serpent, page 106.

Boucles, agraffes, etc. On trouve ces petits objets en très-grande quantité; plusieurs sont d'un travail soigné, page 108.

Boutons antiques. Trouvés à Paris; au Châtelet; forme les plus rares, page 107.

Bracelets. Ont été d'un grand usage; forme la plus ordinaire, p. 117.

Briques romaines à rebord, page 137. — Briques avec inscriptions, page 163.

C.

Caligula vient dans les Gaules et y séjourne, page 28. — Médailles de ce prince, page 192.

Camulogène commande les Gaulois ligués contre les Romains; périt en combattant Labienus au-dessous de Meudon, page 17.

Caracalla. Médailles de ce prince, page 209.

Carausius usurpe l'empire sous Dioclétien, et s'empare de la Bretagne (l'Angleterre), qu'il conserve pendant sept ans, page 30.

Cassia. Médailles de cette famille, page 184.

Céramique, quartier d'Athènes. Opinions sur l'étymologie de ce nom, page 123 et (note 1).

Châlons sur Saône. Pierre sculptée trouvée dans la cathédrale de cette ville. Singularité qui se voit sur la tranche de cette pierre, page 233.

Champ-de-Mars. On croit qu'il y en avoit un aux environs de Paris; on n'a pu découvrir sa position, pages 22 et 26.

Champ des Arènes. Autrefois il existoit un amphithéâtre dans cet endroit; sa situation, page 22.

(249)

32

Figures de cuivre jetées en fonte, *ibid.* — Le cuivre pur étoit consacré aux dieux ; on lui attribuoit la vertu de chasser les spectres, page 94. — Monumens en cuivre qui se trouvent le plus communément dans les cabinets, *ibid.*

Cure-oreille en or, regardé comme antique, page 104.

Cybèle. Petit buste de cette déesse, trouvé à Paris, page 99. — Belle tête de Cybèle, trouvée en 1615 près Saint-Eustache, *ibid.* et page 226. — Autre petit buste, découvert au bas de Montmartre, rapporté par dom Martin, page 230.

D.

Décence. S'étrangle à Sens, où il apprend le suicide de son frère Magnence, page 31.

Dioclétien. Sous son règne s'élève un usurpateur, Carausius, qui s'empare de l'Angletere, page 30.

Divinités gauloises, page 21 (note 3), page 12, (note 1), et page 24, (note 3).

Domitien fit venir à Rome avec d'autres animaux, un rhinocéros bicorne, page 173. — Médailles de ce prince, page 197.

Druides. Leur théologie, page 22. — Leur abolition attribuée à Tibère et à Claude ; ils ont subsisté long-tems après ces empereurs ; on les voit autorisés par Alexandre Sévère et par Aurélien, page 21.

E.

Ecriture. Son invention attribuée à Cadmus ; différentes manières d'écrire avant l'invention du papier, page 119.

Egnatuleia. Médailles de cette famille, page 185.

Elagabale. Médailles de ce prince, page 211.

Empereurs romains, ceux qui sont venus dans les Gaules et qui ont séjourné à Paris, pages 27 et suivantes. — Les deux derniers empereurs d'Occident ont porté les mêmes noms que les deux premiers, page 35 (note 2). — Empereurs qui firent paroître des bêtes féroces dans les jeux publics, page 173.

F.

(253)

H.

Hadrien. Parcourt toutes les provinces de l'empire, page 28. — Médailles de ce prince, page 201.

Hématite, pierre de sang. Oxide métallique, ou chaux de fer employée par les Egyptiens et les Persans, page 96.

Higiée. Représentée tenant un caducée sur un cippe trouvé à Paris, près du palais, page 232.

Honorius. Médailles de ce prince, page 222.

I.

Impériales. (Médailles romaines), page 186.

Isis. Avoit plusieurs temples aux environs de l'ancien Paris, page 24. — Statue de cette déesse dans l'église de Saint-Germain-des-Prés, *ibid.*

Ivoire. Les ouvrages de cette matière sont très-anciens, page 84. — Qualités de l'ivoire; usage qu'on en a fait dans les arts, page 85.

J.

Jayet. Employé par les anciens; il n'en reste que très-peu d'ouvrages, page 87.

Julie, fille de Tite. Médaille de cette princesse, page 197.

Julien l'Apostat. Son arrivée à Paris; il en aimoit le séjour, et en parle avec prédilection, page 31. — Statue en marbre de ce prince au Musée Napoléon; origine de ce monument, *ibid.* (note 1). — Il est proclamé empereur à Paris, page 32. — Médailles de ce prince, page 224.

Jules César. Médailles de ce prince, page 187.

L.

Labienus, général Romain; assiége Paris, s'empare de Melun, et défait l'armée gauloise près de Meudon, page 18.

(254) .

M.

N.

O.

Of; ce que signifient ces deux lettres dans les empreintes des fonds de vases romains, page 144.

Oiseaux sur les poteries romaines, page 168.

Or. Les monumens de ce métal, surtout ceux d'un volume un peu considérable, sont très-rares, page 87.

Orfèvres, détruisent le plus souvent des monumens curieux et intéressans, page 88.

Os, employés anciennement dans les arts à divers ouvrages, p. 84. — Os ayant servi d'ébauchoir, page 137.

Ossuaire en marbre avec inscription, trouvé rue Vivienne, p. 228.

Otacille; médailles de cette princesse, page 212.

P.

Palais du Sénat; recherches sur cet édifice depuis son origine, pag. 47 à 49. — Rubens peint la vie de Marie de Médicis pour orner la galerie de ce palais, p 50. — Sa description, et changemens qui y ont été faits jusqu'à ce jour, extérieurement, pag. 53 à 57. — Son intérieur, le grand escalier et salles destinées aux officiers du Sénat, à la réunion et aux séances de ce corps, pag. 57 à 70.

Pan jouant de la flûte, page 171.

Paris ; son origine, page 15. — Opinions différentes sur l'étymologie du nom de cette ville, *ibid.* (note 4). — Son étendue lorsque Jules César s'en empara pour la première fois, p. 16. — Auteurs qui ont écrit sur l'ancienneté de Paris, *ibid.* (note 2).—César y convoque l'assemblée générale des Gaules, page 17. — Les Romains s'emparent une seconde fois de Paris ; rebâtissent cette ville et l'entourent de murailles, page 19. — Commencement de son accroissement, pag. 20 et 27. — Elle est rangée dans la classe des villes tributaires, et devient la résidence des proconsuls et des gouverneurs romains, page 20. — Les faubourgs de Paris s'étendent et se multiplient sous le règne de Clovis, page 36. — Il la déclare capitale de son empire, *ibid.* — Cette préférence est imitée par la plupart des successeurs de Clovis *ibid.*— Sous

Hugues Capet, Paris étoit augmenté d'une nouvelle ville au nord, aussi ceinte de murailles; étendue de cette enceinte, *ibid.* — 3e. clôture sous Philippe-Auguste; étendue de Paris avant cette 3e. enceinte; époque où elle fut faite, et trajet qu'elle parcouroit, page 37. — Opinion de S.-Foix, sur les différentes clôtures de Paris, *ibid.* (note 1). — Différens clos sont établis dans les environs des faubourgs, page 28. — 4e. clôture commencée sous la régence de Charles V, et achevée sous Charles VI, page 39. Paris ne s'étend guères au-delà jusqu'à François Ier. Ce prince commence à l'embellir, page 40. — Charles IX projète une nouvelle enceinte, *ibid.* — Les troubles de la ligue empêchent Henri III de l'achever, page 41. — Etat de la capitale sous Henri IV, p. 41. — Ses embellissemens se multiplient sous Louis XIII, et principalement sous Louis XIV, *ibid.* — Monumens les plus remarquables de ces deux règnes, et de celui de Louis XV, page 42 et 43. — Paris éprouve peu de changemens favorables sous Louis XVI; la révolution ne lui est pas plus avantageuse pour son embellissement, page 43. — Epoque du 18 brumaire an 8; la capitale renaît et s'embellit; précis des changemens qui viennent de s'y opérer, et de ceux que l'on est à la veille d'exécuter, page 44. — Paris, appelé par Ammien - Marcellin, *Castellum Parisiorum*, page 224. — Antiquités trouvées à Paris depuis 1711 jusqu'à ce jour, pages 224 et suivantes.

Parisiens fournissent 8000 hommes à l'armée gauloise qui va secourir la ville d'Alexia, page 18.

Pépinière de Sceaux, transportée dans l'ancien clos des Chartreux, page 70.

Petau. Dans la description de son cabinet, il parle d'une découverte faite dans la rue de la Tixeranderie, page 235.

Petit Luxembourg ou Petit-Bourbon, bâti par le cardinal de Richelieu, occupé par des princes et princesses de la maison de Bourbon-Condé, par le Directoire exécutif et le Sénat; il appartient aujourd'hui au grand-électeur, page 72.

Philippe. De tous les empereurs, ce fut celui qui se signala le plus dans les jeux séculaires par le nombre des bêtes féroces qu'il y fit paroître, page 173. — Médailles de ce prince , page 211.

Pince de bronze, d'une belle conservation, page 107.

Plomb ; est cité par Pline ; il parle de deux espèces, le blanc et le noir, page 94. — Les monumens de plomb sont rares , p. 96.

Pompeïa ; médailles de cette famille, page 183.

Postume proclamé empereur dans les Gaules, page 29. — S'y associe Victorin , *ibid* — Médaille frappée en mémoire de cette association, *ibid*. (note 2). — Médailles de ce tyran ; page 214.

Poterie romaine ; prodigieuse quantité de fragmens qui en ont été recueillis à Paris, page 128 et 133. — Ce qu'a dit M. de Caylus sur ceux qui furent trouvés dans les fondations du Panthéon, *ibid*. — On a enfoui de nouveau quantité de ces poteries avant qu'on y attachât quelque mérite, page 133. — On n'a recueilli aucune pièce tout à fait intacte , page 134.—Ces poteries ont servi pour la table , elles pèchent par leur base, *ibid*. — On n'a pu encore analyser parfaitement ce genre de poterie ; on a soupçonné que la couverte n'en est pas métallique, page 135. — Ces ouvrages ont beaucoup de rapport avec ceux de la Chine et de Bocaraut, *ibid*. — La qualité des poteries rouges varie ; ornemens qui s'y trouvent le plus communément, *ibid*. — Il y a dans le fond des vases, le plus souvent, une empreinte avec le nom du manufacturier ou du potier, page 136. — Outre les poteries rouges , on en a trouvé à Paris de plusieurs espèces, *ibid*. — Principaux endroits en France où l'on a découvert des poteries romaines, page 137 (note 1). — Frises, ornemens et sujets qui ornent ces poteries , pag. 169 et suivantes.

Poteries fines ; leur fabrication ; différens procédés depuis l'épluchage de la terre jusqu'après la cuisson, pag. 141 et 142.

Potiers (Noms des), empreints sur les fonds des vases de poteries romaines ; ils sont le plus souvent latins ; quelquefois il s'y trouvent des lettres grecques mêlées avec les romaines, page 143. — Ces noms sont précédés des lettres *of.* et *ofic.* et

Sondes en cuivre, trouvées à Paris, page 118.

Soudure. L'art de souder l'or, l'argent et le cuivre, a précédé celui de souder le fer, page 83. — Premier ouvrage soudé en fer, regardé comme une chose rare et curieuse, *ibid.*

Sphinx grec, sur les poteries, page 172.

Squelettes, découverts rue de la Tixeranderie; ils étoient entourés de vases antiques de verre et de terre, et tenoient chacun une médaille, page 235.

Styles à écrire sur les tablettes. On en a trouvé à Paris en bronze et en ivoire, page 119. — Ces derniers ont dû servir à la fabrication de la poterie, pages 130 et 137.

Substances employées dans les arts par les anciens; sont des trois règnes; animales, végétales et minérales, page 83.

Succin, ou ambre jaune. Les anciens l'ont employé; mais les ouvrages en sont très-rares, page 87.

T.

Temples. Il y en avoit trois principaux dans les environs de l'ancien Paris, page 23.

Terre cuite. Ouvrages de cette matière sont très-anciens, p. 87 et 123. — On découvrit dans les démolitions de l'ancien Pont-au-Change, trois figures en terre cuite, page 231.

Tessères. Plaques d'ivoire et de bronze qui servoient de billets d'entrée dans les spectacles, et avec lesquelles on pouvoit réclamer l'hospitalité, page 105.

Tête de Cybèle en bronze, découverte près Saint-Eustache, p. 99 et 226. — Autre tête de bronze trouvée à Montmartre; attribuée sans vraisemblance à Cœlius Caldus, page 229.

Tetricus, couronné à la sollicitation de la femme de Victorin, p. 29. — Ne peut supporter le fardeau de la couronne; se rend à Aurélien qui le fait gouverneur d'une partie de l'Italie, page 30. — Médailles de ce tyran, page 215.

Tetricus fils. Médailles de ce jeune prince, page 216.

Fin de la Table alphabétique.

ERRATA.

Page 11, ligne 11, *ont été recueillis* : lisez, *a été recueillie.*
14, ligne 2, *ces quartiers* : lisez, *ce quartier.*
23, dernière ligne de la note, *Pattard* : lisez, *Baltard.*
32, ligne 3, *Constance Galle* : lisez, *Constance d ux.*
35, dernière ligne de la note, *recueillies* : lisez, *trouvées.*
61, ligne 15, *l'ensemble de la décoration* : lisez, *l'ensemble de sa décoration.*
88, ligne 2 de la note 2, *d'Ornoy, près de Breteuil* : lisez, *Hornoy, entre Beauvais,*
Amiens, Aumale et Abbeville.
107, ligne 10, *imitations* : lisez, *initiations*
126, ligne 2 de la note, *manganesia* : lisez, *maganesia.*
137, avant-dernière ligne de la note, *les fouilles* : lisez, *ces fouilles.*
145, avant-dernière ligne, *qui se trouvent rapportes* : lisez, *qui ont été rapportés.*
160, ligne 9, supprimez la virgule qui se trouve après *Tibère.*
186, ligne 9, POMPEIUS : lisez, POMPEÏENS.
190, avant-dernière ligne, NEM *ausemis* : lisez, NEM *ausensis.*
174 ligne 12, pour imprimeur lisez pour imprimer
179 ligne 6 municipalitez lisez municipes.

ADDITIONS.

Page 128, ligne 5, après ces mots : *chez des particuliers*, ajoutez : On peut citer parmi ces
dernières, celles de M. Durand et de M. Tochon.
133, note 1, après *pour le publier*, ajoutez : M. d'Hinisdal possède aussi une grande
partie des médailles, vases et autres objets qui composent les planches de cet ouvrage,
et que je lui ai, pour la plupart, cédés, afin de ne pas séparer la collection.

Les Contrefacteurs ou Débitans de Contrefaçons, seront poursui-
vis. En conséquence, deux Exemplaires de cet Ouvrage ont été
déposés à la Bibliothèque Impériale.

Paris, ce 30 Janvier 1807.